中国老民俗

聂鑫森 著

CTS 湖南美术出版社
全国百佳图书出版单位
·长沙·

图书在版编目（CIP）数据

中国老民俗 / 聂鑫森著 . — 长沙：湖南美术出版
社，2018.9（2022.8 重印）
ISBN 978−7−5356−8341−0

Ⅰ . ①中… Ⅱ . ①聂… Ⅲ . ①风俗习惯—中国—通俗
读物 Ⅳ . ① K892−49

中国版本图书馆 CIP 数据核字 (2018) 第 034211 号

中国老民俗

ZHONGGUO LAOMINSU

出 版 人：黄　啸
著　　者：聂鑫森
责任编辑：吴海恩
整体设计：格局视觉 ❧ Gervision
插图绘制：陈安民　唐　颖
责任校对：邓安琪　汤兴艳
出版发行：湖南美术出版社
　　　　　（长沙市东二环一段 622 号）
印　　刷：永清县晔盛亚胶印有限公司
　　　　　（河北省廊坊市永清县工业园区榕花路 3 号）
版　　次：2018 年 9 月第 1 版
印　　次：2022 年 8 月第 3 次印刷
开　　本：710mm ×1000mm　1 /16
印　　张：8.25
书　　号：ISBN 978−7−5356−8341−0
定　　价：35.00 元

邮购联系：0731-84787105　邮编：410016
网址：http ://www.arts-press.com
电子邮箱：market@arts-press.com
如有倒装、破损、少页等印装质量问题，请与印刷厂联系调换。
联系电话：0316-6658662

这本书是专写中国老民俗的。

所谓老民俗，即指具有一定历史渊源，久经时间考验，并为民众约定俗成的传统习俗。

随着现代文明大潮的席卷而来，有的老习俗至今仍保持着新鲜的活力，而有些则日渐淡化了。留存的或淡化的，都是一种文化的积淀，都是一种值得关注的民俗现象，作为一个炎黄子孙，应该了解它，并且挖掘它在现实生活中的意义，让它发挥新的作用。这就是我写这本小书的初衷。

没有谁不知道春节、元宵节、清明节、端午节、重阳节，但是它的起源，它的民俗形态，它的文化特征又是怎样的呢？还有更多的节日，一般人是不甚了解的，如中和节、火龙会、鲁班节、文昌会等。每一种习俗都有它独特的意蕴，它会告诉你许多远古的秘密，提供给你许多新奇的知识储备。

中国素来是一个农业大国，许多民俗无不与古人的农事及其他生产活动相关：立春鞭"春牛"，春分种戒火草，芒种送花神，观莲节看荷，养蚕祀蚕神，烧窑祭窑神……在一定程度上，反映了当时的社会形态、经济水平以及民俗风气。还有一些老民俗，与古人重视生存环境、渴望平安吉祥的美好憧憬紧密相连，并创造出一系列的保护神及他们的诞生日、纪念日，如门神、灶神、财神、井神、厕神、仓神……从中凸现出古人的生活观、价值观、道德观及宗教观。还有一些老民俗是因纪念一些受人爱戴的杰出人物而传承下来的，如寒食节之纪念介之推，端午节之纪念屈原，虫王节之纪念刘锜等爱国将领，观潮节之纪念伍子胥……这些节日和习俗给人的是一种诸如爱国主义之类的传统美德教育。

有些老民俗，若是拨开笼罩其上的迷信色彩，它们的内质却是相当美丽的，以至在今天仍然感染着每个炎黄子孙的心灵。春节和中秋节的全家大团圆，生发出对祖国统一的殷殷期待；重阳节的登高赏菊，演化为尊老敬老助老的"老人节"……还有许多老民俗为我们今天的生产活动、生活境遇、生态环境、道德修炼、个体养生诸多方面，提供了一个个有益的参照系数，经过我们的努力开掘，再为今天的社会进步做出贡献。

《中国老民俗》一书虽专写民俗，但也只是选择了此中的一部分，只选择了一些广为人知的民俗，但这已经够丰富的了。

一个民族不可能淡忘她特有的传统节日与习俗，因为其中包含着一个民族的精神向往和理想寄托。而每一个人，也不可能忘记属于他（她）自己的值得纪念的节日：降临这个世界的诞生日，缔结美好姻缘的结婚日……于是有了"不惑""古稀""期颐"之类说法，有了"银婚""金婚""钻石婚"之类人生庆典。这些民俗活动随着岁月的更替，由新而"老"，我们焉能不熟谙此中的奥秘！

这本书由几十篇短小、活泼的随笔连缀而成，不故作"学术"貌，试图熔文史性、知识性、娱乐性于一炉，让读者进入一种"快乐读书"的境地。若能如此，则幸莫大焉。

请了解中国的老民俗，每一个老民俗，都是一处好风景，设置在人一生之中的各个坐标点上，供你驻足休憩，供你信步游赏。

假如这本书能让读者留下关注的一瞥，便是我最大的欣慰了。

目录

春节

THE SPRING FESTIVAL

OLD
Chinese
Folk
Custom

▶ ▶ ▶ 农历的正月初一，即大年初一，亦称"元日"。是日为年、月、
日之始，故谓之"三元"，元者，首也，为开始之意。

窗花红似火

春节时，千家万户的门楣上，会倒贴着一个「福」字，「倒」与「到」谐音，表示「福到了」的美好祝愿。

每到春节，千家万户都会贴上鲜红的春联和吉祥的年画，装点出一派节日的气氛；同时，还会自剪或买回各种各样美丽的红窗花贴在窗户上。这些窗花的题材十分广泛，有的是字，如"吉庆有余""事事如意""春到人间"等；有的是各种吉祥图案，或花鸟纹，或走兽纹，或人物纹，喜气洋洋，鲜亮如火。这种民间剪纸，称为窗花。

贴窗花的历史，在我国可谓悠久。南宋周密在《志雅堂杂钞》中说："向旧都天街，有剪诸色花样者，极精妙，随所欲而成。又中瓦有俞敬之者，每剪诸家书字皆专门。其后忽有少年，能袖中剪字及花朵之类，更精于二人。于是独擅一时之誉，今亦不复有此矣。"所谓"旧都"，即当时的汴梁。他所描写的这些剪纸名家可于袖中施剪，确实有绝技。

剪纸到底起源于何时？左汉中在《中国民间美术造型》一书中说："剪纸，以纸张为材料，采用剪、刻、染等方法，通过镂空效果产生虚、实对比，体现出各种形象。剪纸的历史悠久，从内蒙（古）、陕西等地出土的镂金箔片等文物表明，在汉代的漆器上贴有贵金属刻花，可见剪镂技艺发端时不限于纸。在新疆高昌故址出土的北朝时期（公元386年—581年）的《对马》《对猴》等五朵团花，是目前所能见到的最早的剪纸实物。"

　　每当我们观看传统年画和刺绣作品时，总会发现这样的画面：一只梅花鹿身边，翩翩飞着几只蝙蝠，蝙蝠绕着一枝金桂花振翅起舞。我们参观古建筑时，也会发现那些雕梁画栋、飞檐翘角上，或雕或画着蝙蝠的图纹。

　　钱锺书在他的《管锥编》中，曾引用了唐人孟浩然的话："虫之属最可厌莫如蝙蝠，而今织绣、图画皆用之，以福同音也。"所以，蝙蝠与鹿象征"福"与"禄"，蝙蝠与桂花象征"福生贵子"。

　　而在春节时，千家万户的门楣上，会倒贴着一个"福"字，"倒"与"到"谐音，表示"福到了"的美好祝愿。

　　"福"，在中国人的心目中，是一个吉祥的字。古人对"福"字字形，有着种种吉祥的解释。有的说，"福"是会意字，甲骨文的"福"字是双手捧酒的样子，有酒即有福；有的说，"福"的右边是"一口田"，一个人有田有地，吃穿不愁，岂不是有福？还有人将福解释为"人皆有其田"，福荫广大。而《说文解字》则谓其"从示畐声"，"示"，说明与鬼神、与祈祷有关，即祈求远避灾祸，降临幸福。

　　中国人常说"五福俱备"，何谓"五福"呢？"一曰寿，二曰富，三曰康宁，四曰攸好德，五曰考终命。"（《尚书·洪范》）一般的老百姓说得更具体："福"就是太平盛世、小康人家、妻贤子孝。其实，对"福"的种种解释，因各人的生存境遇、人格素养不同，而存在着差异。韩非子说："仁者，谓其心中欣然爱人也，其喜人之有福，恶（厌）人之有祸也。"（《韩非子·解老》）而清人张潮，写过一本有名的语录体书《幽梦影》，他说："有工夫读书谓之福，有学问著述谓之福，无是非到耳谓之福，有多闻直谅之友谓之福。"

年前
『打埃尘』

春节快到了，家
家户户要搞一搞
大扫除，清扫尘
埃，洗抹家具，
以便干干净净、
愉愉快快地过年。

春节快到了，家家户户要搞一搞大扫除，清扫尘埃，洗抹家具，以便干
干净净、愉愉快快地过年。这个风俗自古及今，都为中国人所乐意为之。

《清嘉录》记载的是清代的生活情景，在卷十二中，说："腊将残，
择宪书（皇历）宜扫舍宇日，去庭户尘秽。或有在二十三日、二十四日及
二十七日者，俗呼'打埃尘'。"

"打埃尘"时，小户人家是老老少少一齐动手参与；大户人家则要雇请
工人来完成，扫掉屋角、房顶的蛛网和地上的尘土，擦洗玻璃窗、家具以及
铜门环。在里里外外打扫得干干净净后，老北京人还讲究"糊棚"，即请裱
糊的工匠，用白纸、彩纸裱糊墙壁和房顶，使之焕然一新。

在打扫卫生之后，家家户户又开始了颇具匠心的布置，将自剪或买来
的窗花贴在玻璃上，什么"龙凤呈祥""五谷丰登""鲤鱼跳龙
门""五福捧寿"，映衬出一派喜色喜气；还要在墙上
贴年画，在门两边贴红纸对联……营造出一片过年的
温馨而浓郁的气氛。

从祭门到贴门神

贴门神，又叫换门神，即撕下旧门神像，换上新门神像。

　　在原始先民社会，人类由"穴居野处"的生存环境，逐步过渡到建造房屋安居乐业，这是一种文明的飞跃。先民们由群居而变成各立门户，房屋可以遮风挡雨，御寒避热；可以防止野兽侵害；可以贮存粮食、器物。而进出房屋，必安门，它可开可关，提供了许多的便利，先民在"万物有灵"的观念左右下，认为门是个灵物，人是应该对它表示崇敬的，于是就有了祭门的风俗。

　　周代的"五祀"，即祭祀门、户、井、灶、土地，是周天子及各诸侯的隆重典仪。祭门是在农历的九月举行，那正是收获的黄金季节，百官皆参与这个活动，而民间亦然。因为秋收了，准备收藏粮食过冬，必请门神来守护。《礼记·祭法》中说，天子立"七祀"，大夫立"三祀"，适士（即上士）立"二祀"，庶人（老百姓）立"一祀"，其中都包括祀门。

　　但当时的门神，没有具体所指，也没有神像。直到汉朝以后，门神才有了姓名，即古代的勇士成庆。西汉广川王生病时，便要画工在殿门上画短衣大裤、手执长剑的成庆像用来驱鬼（清·俞曲园《茶香室续钞》）。后来也有人画刺杀秦王的荆轲像。但广为人接受的门神，则为神荼、郁垒二神。

　　汉代王充《论衡·订鬼》载："《山海经》又曰：沧海之中，有度朔之山，

上有大桃木，其屈蟠三千里，其枝间东北曰鬼门，万鬼所出入也。上有二神人，一曰神荼，一曰郁垒，主阅领万鬼。恶害之鬼，执以苇索而以食虎。"这两神仙是专管鬼怪的，人们便把他们的形象被贴在门上，作为镇宅的门神像。

到了唐代，又多了两位门神，即秦叔宝、尉迟恭。"唐太宗不豫，寝门外抛砖弄瓦，鬼魅呼号，三十六宫，七十二院，夜无宁静。太宗惧之，以告群臣。秦叔宝出班奏曰：'臣平生杀人如剖瓜，积尸如聚蚁，何惧魍魉乎！愿同胡敬德戎装立门以伺。'太宗可其奏，夜果无警。"（《三教源流搜神大全》卷七）

宋代的门神像，除神荼、郁垒和秦叔宝、尉迟恭之外，还有的仿照佛寺里四大天王的塑像，画而贴于门上。南宋绍定年间，宋理宗印发的门神像，变成了钟馗。

明清时的门神就更多了，有关羽、张飞，赵云、马超，赵公明和燃灯道人等。除了这些威猛的武门神之外，还有文门神，他们穿朝服，戴乌纱帽，称为"五福临门"或"纳福迎祥"。

贴门神，又叫换门神，即撕下旧门神像，换上新门神像，一般是在农历十二月三十日夜晚进行。"魁伟画图传，相逢又一年。悬桃分度索，辅李识凌烟。"（清·陆伟堂《门神诗》）

压岁钱

宫人早起笑相呼，
不识阶前扫地夫。
乞与金钱争借问，
外头还似此间无。

　　回忆儿时过年，最快乐的是吃过除夕的团年饭后，父母亲拿出一个个装了钱的红纸包封，分发给我们，并说一些祝福的话。我们把压岁钱放在枕头下，然后谈论着明天如何去使用这笔钱，买鞭炮？买玩具？买学习用品？守岁守到夜深人静，便睡到床上去，做一个一个绮丽的梦。正如清代诗人吴曼云在《压岁钱》一诗中所描绘的情景："百十钱穿彩线长，分来再枕自收藏。商量爆竹谈箫价，添得娇儿一夜忙。"

　　压岁钱，又称押岁钱，"两府男妇小厮丫鬟亦按差役上中下行礼毕，散押岁钱、荷包、金银锞，摆上合欢宴来"（《红楼梦》第五十三回）。又名压祟钱，古时人们认为小儿血气薄弱，要靠具有镇邪功能的钱币来予以抵挡，才能逢凶化吉。

　　钱能通神，进而可以役鬼镇邪的观念，在我国起源很早。先秦时的人祭祀鬼神，祭品中就有"币"。随着这种观念的因袭，以及货币技术的发展，专门以辟除邪祟为目的而制作的厌胜钱产生了。汉代五铢钱中，有的上刻铭文"脱身易（疡），宜子孙"，或者为"辟兵莫当，除凶去央（殃）"等当时流行的吉祥语。到了唐、宋时代，钱币已开始用于春节祝吉。唐人王建在

《宫词》中写道："宫人早起笑相呼，不识阶前扫地夫。乞与金钱争借问，外头还似此间无。""宿妆残粉未明灭，总立昭阳花树边。寒食内人长白打，库中先散与金钱。"

从春日或岁朝散钱祝吉，演变为除夕向小儿赐钱"压祟"，并成为一种风俗，大概是明代后期了。清代顾禄的《清嘉录》里，写有"压岁钱"的专条，征引前人著述多处："红索青铜贯"（郭𪩘伽《淮阴岁除·咏压岁钱》）；"杭俗，儿童度岁，长者予以钱，系以红，置之卧所，曰'压岁钱'"（吴曼云《江乡节物词·小序》）。

古代使用有孔的铜钱，用红线穿成串，由长辈发给后辈，确实是一件有意味的事。至今，每逢除夕，仍流行给孩子发压岁钱，表达老一辈对后一代健康成长的美好祝愿。

新春
酒水和食品

进椒柏酒，饮桃汤。
进屠苏酒、胶牙饧。
下五辛盘。

新年的第一天，家家户户自然是早已备好丰盛的酒水和食品用来庆贺。

在古代，有几种酒水和食品是人们在正月初一必须备办和享用的。"进椒柏酒，饮桃汤。进屠苏酒、胶牙饧。下五辛盘。"（《荆楚岁时记》）

"椒柏酒"，即椒酒、柏酒。

椒，即花椒，椒酒是用花椒浸制的酒。"岁首祝椒酒而饮之，以椒性芬香，又堪为药。"（《初学记》）

柏酒，即柏叶浸制的酒。"柏性后凋而耐久，禀坚凝之质，乃多寿之木……辟邪。"（《本草纲目》）

屠苏酒，在晋人葛洪所著的《肘后备急方》和唐人孙思邈的《千金方》中皆有记载。但《四时纂要》中说此酒为"轩辕黄帝之神方"。总之，屠苏酒起源很早，并且为历朝历代的人所看重。浸制屠苏酒，所用的八味药一般为：大黄、蜀椒、桔梗、桂心、白术、防风、乌头、菝葜。屠苏即菝葜的别名。为什么正月初一一定要喝屠苏酒呢？因为除夕之夜，合家团聚，豪饮饱食，油腻的东西塞满了肠胃，而屠苏酒可以调中化食，使五脏安和舒畅，不致获病，在养生方面确实具有积极的意义。

关于饮椒酒、柏酒、屠苏酒，古人诗词中多有吟咏。唐人武平一《奉和正旦赐宰臣柏叶（酒）应制》云："绿叶迎春绿，寒枝历岁寒。愿持柏叶寿，长奉万年欢。"唐人司空曙《酬卫长林岁日见呈》云："朱泥一丸药，柏叶万年杯。"唐人权德舆《甲子岁元日呈郑侍御明府》云："屠苏聊一醉，犹赖主人贤。"宋人晏殊《奉和圣制元日》云："柏叶清樽举，椒花绮颂陈。"饮这几种酒，还有一种规定，"凡饮酒次第，从小起"（《荆楚岁时记》）。为什么呢？因为年轻人过年意味着长大了一岁，让年少者先饮有祝贺的意思；老年人过年意味着失去了一岁，所以后饮。同时，因这几种酒属于药的范畴，《礼记》主张双亲服药子先尝，以体现后辈的慈孝之心。

桃汤是用桃树的叶、枝煮沸的汤。古代人迷信，认为桃可以驱鬼。"元日服桃汤，桃者五行之精，厌伏邪气，制百鬼。"（《太平御览》）

胶牙饧是用麦芽或谷芽等熬出的软糖。饧，是"糖"的古字，"饴，软糖也，北人谓之饧。"（《本草纲目》）"岁盏后推蓝尾酒，春盘先劝胶牙饧。"（唐·白居易《岁日家宴戏示弟侄等兼呈张侍御二十八丈殷判官二十三兄》）"三杯蓝尾酒，一碟胶牙饧。"（白居易《元日对酒》）

在这一天，人们喜欢吃的水果是橘和柑，同时还以橘、柑互相赠送。因为"橘"与"吉"读音相近，吃橘和送橘，取吉祥之意。柑，俗称大橘，谐音"大吉"。宋人梅尧臣《岁日旅泊家人相与为寿》云："盘中多橘柚，未咀齿已酸。"他在《元日》中亦说："咀橘齿病酸，目已惊老态。"橘子尽管有些酸，也还是要尝尝的，目的是讨个吉利。

立春

SPRING
BEGINS

▶ ▶ ▶ 一旦立春，水暖三分，阳气上浮，草木开始萌动，"林中觅草才生蕙，殿里争花并是梅"。

新春颁历书

历书上每一个日子的下面都有注释，或宜婚娶，或宜沐浴，或宜安床。

历书，多指的记载我国旧历的书。因二十四节气起源于旧历，而节气对于农业生产有着重要的意义，所以旧历又称为农历。

古人在殷商时代就开始通过观察天象来掌握农时了，当时已有了"夏至"和"冬至"的概念。到汉朝初年，就有了完整的二十四节气。历书的编制，应该在唐朝之前。唐朝每逢元日（正月初一），都由皇帝下旨颁布新一年的历书。唐人刘长卿在《岁日见新历因寄都官裴郎中》诗中说："青阳振蛰初颁历。"历代皇家对历书的编制都特别重视，这是因为中国是一个农业社会，农事有关国计民生，所以历书又称为皇历。

自从宋代发明活字印刷术之后，历书开始印刷出来在民间发售。而此前，历书都是以手抄本的形式出现的。历书都由官方监制印刷，明代万历年间的历书，在封面上加印"钦天监奏准印造大统历日颁行天下，伪造者依律处斩。有能告捕者，官给赏银五十两，如无本监历日印信，即同私历"等字样。

官印的历书分为两种：一种是民间用的普及本；一种是官本，赏给疆吏和各藩属。宋人苏轼《谢赐历日表》载："岁颁正朔，盖春秋统始之经；郡赐玺书，亦汉家宽大之诏。实为令典，岂是空文……"

阴历的推算，是中国特有的专门科学，它对于节序推移、气候变化和日食月食等方面的推测，都十分准确。到了清代，农历又有新的内容增加，如全国各地的日出时刻及二十四节气的时刻等。

历书上每一个日子的下面都有注释，或宜婚娶，或宜沐浴，或宜安床，此外如祭祀、迁址、出行、动土、治病、打扫房舍，等等，无不与日常生活密切相关。至于农事、渔事、养牧，更是其中的重要内容。这些注释不可避免地带有一些迷信色彩，但对于生产和生活亦有可供参考之处。

古代的历书，在首页印有《春牛图》和《芒神像》。图为缩形，牛身原高四尺（约133厘米），象征一年四季；身长八尺（约267厘米），象征农耕八节；尾长一尺二寸（约40厘米），象征一年十二个月；头角至腹部各部分配以各种颜色，则依干支而定。芒神原高三尺六寸（约120厘米），象征一年三百六十；手里的鞭长二尺四寸（约80厘米），象征二十四节气。

春牛的鼻，用桑柘木为拘，拘系以绳。芒神手中之鞭为柳枝，其下缚以丝或苎麻。春牛和芒神所处位置也有规矩：芒神之丝在牛前，说明为前五日外立春；立于牛后，则为后五日外立春；与牛并立者，即为是日前后五日内立春……

虽然现在我们以阳历（公历）计算时间，但挂历上仍标有农历的时间和一些重要的节令。广大的农村，至今仍以二十四节气来安排各项农事。

立春鞭春牛

农事牛先示，人情蠖欲伸。优哉汉疏广，樽酒过嘉辰。

　　立春为二十四节气之首，是我国各地的传统节日，古称立春节。一旦立春，水暖三分，阳气上浮，草木开始萌动，"林中觅草才生蕙，殿里争花并是梅"（唐·沈佺期《奉和立春游苑迎春》）。

　　在古代，官府在立春这天要举行"迎春、鞭春"大典。"东郊暂转迎春仗，上苑初飞行庆杯"，指的是皇帝亲率百官赴东郊设坛"迎春"。而"鞭春"（也叫"打春"）就是鞭打春牛。春牛是用土塑成的，"土牛呈岁稔，彩燕表年春"（唐·冷朝阳《立春》），地方官举行迎春大典时亲自鞭打春牛，以示春耕即将开始。

　　"劝农"是古代地方官的重要工作之一，连皇帝也要以身作则，举行耕田的典礼。汉代已时兴塑土为牛，用以策励春耕。王充在《论衡》中说汉代除了土塑的牛外，还有土塑的一男一女，各执耒耜，而且当时已有鞭土牛的仪式，不过是在冬季（十二月）举行，目的是"出土牛以除寒气"。立春鞭春牛，是唐宋时的习俗。

　　唐宋时，先由中央历法部门预测立春的准确时间，并根据年月干支确定土牛取何方水土塑制以及塑制成何种模样，颁定统一式样。届时，地方官用装饰华丽的"春鞭"对着春牛先抽第一鞭，然后其他官员按职位的大小依次

鞭打，最终将春牛抽打得稀巴烂。接着，围观民众一拥而上，争抢碎土。据说将此土扔进自家田里，当年便有好收成。

塑制春牛时，往往在其肚子里塞上五谷，当牛被打烂时，五谷便撒了出来。拾起谷粒放入自家的仓中，预示当年仓满粮足。清人富察敦崇在《燕京岁时记》中，描写了清代"迎春、鞭春"的场景："立春先一日，顺天府官员至东直门外一里春场迎春。立春日，礼部呈进春山宝座，顺天府呈进春牛图，礼毕回署，引春牛而击之，曰打春。"在北方立春日这天民间还要吃春饼、萝

卜等应节食品。宋代诗人范成大在《立春》诗中写道："候管灰初动，条风已发春。万灵归化育，一气验平均。农事牛先示，人情蠖欲伸。优哉汉疏广，樽酒过嘉辰。"一直以农为本的古代，五谷丰登是人们的企盼。

剪彩胜和吃春盘

钗斜穿彩燕，罗薄剪春虫。巧著金刀力，寒侵玉指风。

古代在立春这个十分重要的节日里，除了皇帝率百官到东郊迎接春天的到来，民间鞭打土做的春牛以祈丰年之外，还有两项令人关注的民俗活动，即剪彩胜和吃春盘。

彩胜，又名踩胜、金胜、彩花、华胜、幡胜和彩，是以纸、绢裁剪成各种形状的饰物，或是花草，或是燕雀，或是虫蛾，或是人物，或是小旗幡。无论在宫廷还是在民间，在春日这天人们把它们系在树枝上，贴在门窗上，簪在鬓发间，展示一种将要到来的春光美景，抒发送走冬天迎来春天的喜悦之情。在唐、宋时，皇帝在这天要向臣子们赐彩胜，以表示君臣共贺春临。

唐人李远写道："钗斜穿彩燕，罗薄剪春虫。巧著金刀力，寒侵玉指风。"（《立春日》）"剪彩赠相亲，银钗缀凤真。双双衔绥鸟，两两度桥人。叶逐金刀出，花随玉指新。愿君千万岁，无岁不逢春。"（《剪彩》）"绮罗纤手制，桃李向春开。"（唐·宋之问《剪彩》）"待晓铜荷剪蜡煤，绣帘春色犯寒来。"（宋·欧阳修《春日词》）从中可看出彩胜的形状有燕子、昆虫、凤凰、绥带鸟、花朵和叶片等，如蝴蝶、蜜蜂、梅花、桃花、李花、小旗幡。

彩胜插于鬓发间，男女皆宜，使人增添了青春的风采。特别是燕形的彩胜，点缀在女性的鬓边,确实娇婉可人,故宋代王曾(王沂公)有这样的诗句:"彩燕迎春入鬓飞,轻寒未放缕金衣。"而白发短疏的男性,则深感光阴的促迫,"巧胜(彩胜)向人真奈老,衰颜从俗不宜新"(宋·陈师道《立春》)。

但剪彩胜使立春的气氛更为热烈,这是无疑的。这个风俗在魏晋时已有,"立春之日,悉剪彩为燕戴之,帖'宜春'二字"(《荆楚岁时记》)。

吃春盘的习俗,最早也可追溯到晋代。春盘用五种辛味菜蔬配成,故又称为"五辛盘"。到了唐代,这一习俗传到宫廷,皇帝"以白玉盘盛细生菜颁赐群臣"。杜甫曾在《立春》一诗中写道:"春日春盘细生菜,忽忆两京梅发时。盘出高门行白玉,菜传纤手送青丝。"苏轼也写道:"愁闻塞曲吹芦管,喜见春盘得蓼芽"(《次韵曾仲锡元日见寄》);"春盘得青韭,腊酒寄黄柑"(《元祐九年立春》)。

吃春盘的习俗,在金、元时由汉族人传给了契丹人。元代的契丹人耶律楚材曾作《立春日驿中作穷春盘》诗:"昨朝春日偶然忘,试作春盘我一尝。木案初开银线乱,砂瓶煮熟藕丝长。匀和豌豆揉葱白,细剪蒌蒿点韭黄。也与何曾同是饱,区区何必待膏粱。"从中可看出春盘中的品类,即粉丝、藕丝、豌豆、葱、蒌蒿、韭黄,其中有好几种是带辛味的菜蔬,具有一定的药用价值。

春日春盘细生菜，
忽忆两京梅发时。
盘出高门行白玉，
菜传纤手送青丝。

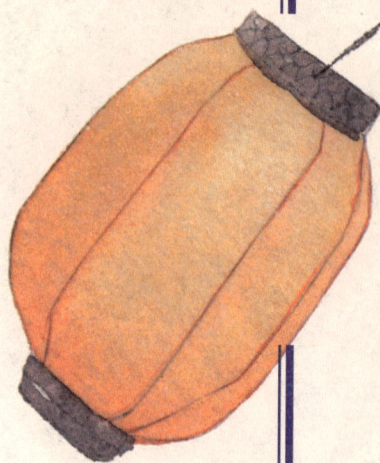

元宵节

OLD
CHINESE
FOLK
CUSTOM

LANTERN
FESTIVAL

► ► ►　　　火树银花合，星桥铁锁开。暗尘随马去，明月逐人来。

踩高跷
跑旱船

股长数尺踩高跷，
彩画旱船正逐潮。
灯节儿时堪可忆，
追随鼓乐到深宵。

　　我儿时在湘潭古城，每逢元宵节之夜，与小伙伴相邀于长街游逛，看那些流光溢彩的春灯，那些民间艺人的绝妙表演，要龙灯、舞狮子自不必说，而我对于踩高跷、跑旱船尤感兴趣。

　　踩高跷的人不但要装扮成戏曲、小说中的人物四处行走，而且要表演一些高难度的动作，如飞脚蹬踢、翻滚过墙、跷上舞叉……让人亦惊亦喜，心生钦佩。

　　传说最初的踩高跷是对神话中殊方异人的模仿。《山海经·大荒西经》说："西北海之外，赤水之东，有长胫之国。""长股（胫）之国在雄常北，被发，一曰长脚。"长胫国的人双腿长过三丈（1丈＝3.3333米），下海捕鱼极为方便。后来，一些渔夫心生仿效之意，用木棍绑在脚上以增加腿的长度，这样可以涉较深之水捕鱼。《列子·说符》记载，春秋时宋国有个叫兰子的人，能把两根比身高还长一倍的木棍绑在脚上，当场为宋元公做疾走如飞的表演。这就证明，踩高跷的历史已有二千五百年以上。到汉魏时，踩高跷被列为宫廷"百戏"节目之一，时人谓之"双木续足之戏"。六朝时的踩高跷，技术水平相当高，有一种"掷跷伎"，可以踩着高跷翻跟斗。清朝时，有的高跷长达丈余（《扬州画舫录》）。"好事者……或为高跷之戏，装各出戏文，下缚丈木于足，步出层檐。"（《真州竹枝词引》）

清代以来，高跷分为文、武两类。文跷以走唱为主，表演者扮成樵夫、村姑、和尚、媒婆、书生等角色，手执扁担、手帕、折扇等道具，边走边唱，肢体动作不多；武跷则能做倒立、劈叉、独立、跳高桌、叠罗汉等惊险表演。

跑旱船，即在陆地上模仿船行进的动作，正如宋人范成大在《上元纪吴中节物俳谐体三十二韵》中说的"旱船遥似泛"。船，以竹木细条扎架，糊以彩纸或彩绢，船舱上下贯通。船舱中，往往立一女性，双手提船帮（或用彩带系船于腰间），用双脚跑动来代替船的行走。在船的前面，往往有一男性扮成船夫，手持一桨，随着他的划桨动作，船或急行或缓行，或进或退，或倾斜或摇晃，宛若真船行于波涛中。船女和船夫往往伴随音乐之声，彼此应和唱出脍炙人口的民间小调。

在今天的大型民间文艺演出时，踩高跷和跑旱船也是常见的节目，这种充满乡土气息的节目往往更能受到观众的欢迎。

我曾写过一首七绝《忆儿时湘潭过元宵节》："股长数尺踩高跷，彩画旱船正逐潮。灯节儿时堪可忆，追随鼓乐到深宵。"

南陌青丝骑，东
邻红粉妆。管弦
遥辨曲，罗绮暗
闻香。

　　清代诗人六对山人杨燮在《锦城竹枝词》中写道："为游百病走周遭，约束簪裙总取牢。偏有凤鞋端瘦极，不扶也上女墙高。"

　　《金瓶梅》第二十四回，细致地描写了元宵夜西门庆的妻妾丫环上街游玩"走百病"的情景，人群中还夹杂着陈经济等男性。"却说陈经济因走百病儿，与金莲等众妇人嘲戏了一路儿，又和来旺媳妇宋惠莲两个言来语去，都有意了。"

　　所谓走百病，属于古代元宵节（或正月十六夜）妇女避灾求福的一种民俗活动，明、清时尤为盛行。"走桥摸钉，祛百病，正月十六夜，妇女群游祈免灾咎，前令人持一香辟人，名曰走百病。凡有桥之所，三五相率一过，取度厄之意。或云终岁令无百病，暗中举手摸城门钉一，摸中者，以为吉兆。"（《宛署杂记·民风一》）《帝京景物略·春场》也写道："（正月）八日至十八日，集东华门外，曰灯市。……妇女着白绫衫，队而宵行，谓无腰腿诸疾，曰走桥。至城各门，手暗触钉，谓男子祥，曰摸钉儿。"

　　我们再读六对山人的诗，就会明白那些裹了脚的妇女攀爬城墙前的矮墙（女墙），为的自然是去触摸城门上的铁钉。清人刘廷玑也有一首《帝京踏灯词》："高髻轻钿贴翠翎，今宵偏不坐云轺。桥边小步归来喜，摸得城门铁叶钉。"

走百病这种习俗，虽说包含着若干迷信色彩，但此中还是有深意的。在古代，妇女困居闺房，是不能随便出门游走的，这种习俗使她们有了一个成群结队出门游玩的借口，使压抑的人性得到一种释放。此外，这毕竟是一项很好的体育运动，使难得有户外活动的妇女，好好地锻炼一下腰腿，舒筋活络，于身体有益。

古代妇女的走百病，应是从元宵夜观灯演变而来的。出门观灯，男女老少，都可尽享这一份欢乐。尤其是妇女，更是欢欣雀跃。"南陌青丝骑，东邻红粉妆。管弦遥辨曲，罗绮暗闻香"（唐·沈佺期《夜游》）；"中州盛日，闺门多暇，记得偏重三五。铺翠冠儿，捻金雪柳，簇带争济楚"（宋·李清照《永遇乐》）。

迎紫姑

正月十五日……
其夕迎紫姑以卜
将来蚕桑。

正月十五是传统的元宵节，一到夜晚，火树银花触目红，到处张灯结彩，万人空巷，笑语纷沓，盛况空前。

而在这一天，古代的妇女还有一项奇特的活动，称之为"迎紫姑"。

紫姑是古代一位被大妇妒害的女子。南北朝时，刘敬叔在《异苑》中说："世有紫姑神，古来相传，云是人家妾，为大妇所嫉，每以秽事相次役，正月十五日感激而死，故世人以其日作其形，夜于厕间或猪栏边迎之。"《显异录》中说得更为详细："紫姑，莱阳人，姓何名媚，字丽卿，寿阳李景纳为妾，为大妇曹氏所嫉，正月十五日夜，阴杀于厕间，上帝悯之，命为厕神。故世人以其日作其形于厕间，迎祝以占众事。"

如何扮成紫姑之形呢？明人刘侗在《帝京景物略》卷二"春场"中说："望前后夜，妇女束草人，纸粉面，首帕衫裙，号称姑娘。两童女掖之，祀以马粪，打鼓，歌马粪芗歌，三祝，神则跃跃……"另一种，则是以扫帚穿衣服代作紫姑，故清代《都城琐记》中说："《燕都杂咏》：'敝帚挂红裳，齐歌马粪香；一年祝如愿，先拜紫姑忙。'注云：'正月闺中用帚插花穿裙，迎紫姑神于厕，以占休咎。'"

迎紫姑寄托着一个美好的心愿：占卜休咎。而在乡村，女子卜紫姑以占蚕桑的丰歉。"正月十五日……其夕迎紫姑以卜将来蚕桑。"（《荆楚岁时记》）江浙一带的养蚕女，每年正月十五的清晨，照例要沐浴焚香，红裙素手地在一大早煮好白膏粥，将其涂在屋梁上面祭祀蚕神。而城中女子则占众事，比如：何日得与如意郎君喜结良缘；何日添丁加口……

迎紫姑时，也有用畚箕代替扫帚的，称作迎箕姑。

《集说诠真》中谈到请厕神紫姑的"扶箕"之法：取粪箕一个，"饰以钗环，簪以花朵"，另用银钗一支插在箕口上，供在粪坑旁。再另设一供案，点烛焚香，小儿辈对之行礼。香案上摊放碎白米，扶箕者将箕口对着案上碎米，用银钗在米上乱画，"似笔砚剪刀花朵等样"，祈祷者问其年岁若干，则箕口点若干头以示之。扶箕者为女性，她们宣称"乱画时微持粪箕加重，且转动亦不能自由"。

"扶箕"，其实等同于古代的"扶乩"，"乩"为问卜意，是一种求神降示的方法。这当然具有相当浓厚的迷信色彩。

迎紫姑的活动，表达了古代妇女对被妒忌杀害的弱小者紫姑的同情，也体现出她们对自身命运的关注。她们希望自己有一个美好的归宿，憧憬幸福而美满的生活。

同时，迎紫姑也折射出一种良好的卫生习惯。因为约定俗成，迎紫姑之前，必须把厕所、猪栏等地方打扫干净。民俗活动往往具有积极的实用功能，这是值得我们注意的。

唐人熊孺登在《正月十五日》一诗中写道："汉家遗事今宵见，楚郭明灯几处张。深夜行歌声绝后，紫姑神下月苍苍。"

猜灯谜

有以绢灯剪写诗词，时寓讥笑，及画人物、藏头隐语及旧京诨语，戏弄行人。

在元宵之夜，人们不仅以赏灯为乐，同时还会进行猜谜的游戏。谜语张贴在各种各样的花灯上，称为灯谜或春灯谜。

南宋周密《武林旧事·灯品》载："有以绢灯剪写诗词，时寓讥笑，及画人物、藏头隐语及旧京诨语，戏弄行人。"这"藏头隐语"，即是谜语。清人钱谦益在《癸亥元夕宿汶上》一诗中说："猜残灯谜无人解，何处平添两鬓丝。"

谜语古称"廋辞""隐语"。《文心雕龙·谐隐》云："自魏代以来，颇非俳优，而君子嘲隐，化为谜语。"以某一事物或某一诗句、成语、俗语或其他文字作为谜底，用隐喻、形似、暗示或描写其特征的方法做出谜面，供人猜射。它源于民间口头文学，语言朴实生动。后来谜语演变成文人喜爱的一种游戏，化为诗钟、敲诗、文虎等多种形式，猜射诗词、典故等，语多晦涩。"今多称猜射事物者为事物谜，以文义作谜底者为文艺谜。前者多为民间谜语，后者专指灯谜。"（《辞海》）

东北的辽阳是一座文化古城，自古猜灯谜之风很盛，元宵节有连续三天的灯谜例会，临街人家纷纷张灯悬谜，供人猜射赏玩。有些人家如果第一天悬挂的灯谜被人射中，第二天会重新补上，若是又被猜中，必再设之。流传至今的一个故事十分有趣：城中一位老中医第一夜悬挂的灯谜为"诸侯朝于天子"，打七言唐诗一句，被人以"万国衣冠拜冕旒"射中。第二天他以"万国衣冠拜冕旒"设谜面，打曲牌名一个，又被人以"朝天子"射中。不料他于第三天以"朝天子"设谜，打一字，被猜出是"现"字。"现"字由"见""王"二字组成。谜制得巧，猜的人亦思维敏捷，一时传为佳话。

宋代的苏东坡是一位制谜和猜谜的高手。传说他曾见一僧寺的住持虐待小和尚，恰逢住持请他题字，苏东坡便写了一副字谜联："一夕化身人归去，千八凡夫一点无。"上联是"死"字，下联是"秃"字（秃者，和尚），骂得非常尖刻。他还遣派使女头戴草帽，脚蹬木屐，去好友佛印处取一样东西，并告诉她：佛印一见，便会把东西给你。佛印一见使女，便知是一个巧谜，上"草"下"木"中间"人"，是"茶"字，便把一包茶叶交给了使女。

清代的郑板桥也精于此道。有个盐商之子不学无术，却喜附庸风雅，东抄西摘拼凑成一本所谓"文集"，请郑板桥题词，借以提高身价。郑板桥题了杜甫的一句诗"山楼粉蝶隐悲笳"，这是一个以俗语做谜底的谜，为"胡吹"，因笳是"胡人"所吹的乐器。

《红楼梦》第二十二回载："忽然人报，娘娘差人送出一个灯谜儿，命你们大家去猜，猜着了每人也作一个进去。四人听说忙出去，至贾母上房。只见一个小太监，拿了一盏四角平头白纱灯，专为灯谜而制，上面已有一个，众人都争看乱猜。"所有人都猜出了元春所制的灯谜为何物，"写在纸上，然后各人拈一物作成一谜，恭楷写了，挂在灯上"。

在贾府，元宵节猜谜活动是丰富多彩的。"贾母见元春这般有兴，自己越发喜乐，便命速作一架小巧精致围屏灯来，设于当屋，命他姊妹各自暗暗的作了，写出来粘于屏上，然后预备下香茶细果以及各色玩物，为猜着之贺。贾政朝罢，见贾母高兴，况在节间，晚上也来承欢取乐。设了酒果，备了玩物，上房悬了彩灯，请贾母赏灯取乐。"

贾母吩咐贾政去猜后辈们所制作的谜语，第一个是元春所作："能使妖魔胆尽摧，身如束帛气如雷。一声震得人方恐，回首相看已化灰。"贾政猜出谜底是"爆竹"。他依次猜迎春、探春、惜春、宝钗所制之谜，谜底分别为"算盘""风筝""海灯""更香"，这使他感到了一种不祥之兆，因为爆竹为"一响而散之物"，算盘则"打动乱如麻"，风筝是"飘飘浮荡之物"，海灯"一发清净孤独"，更香是越燃越短，"皆非永远福寿之辈"。这当然是作者曹雪芹借灯谜来暗示贾府和此中人物的命运，是一种令人赞叹的曲笔用法。

谜文化至今风韵不绝，特别是到了元宵节，不少地方于长街闹市悬挂灯谜让人猜射，使节日的气氛更加热烈。

桥梁节

OLD CHINESE FOLK CUSTOM

THE BRIDGE FESTIVAL

▶ ▶ ▶ 每逢元宵节，他们都要架起一座简易的桥梁，并把它装点得漂漂亮亮，称之为"花桥"。

我国有许多河汊纵横、渠港交错的水乡，肥沃的土地和充足的水源，给当地的人民带来了农业和渔业的丰收。船成了水上主要的交通工具，正如诗人沙白在《水乡行》中所写的："水乡的路，水云铺。进庄出庄，一把橹。"但在风雨交加之时，舟楫难行，这就迫使人们开始琢磨建造桥梁以便利通行。于是，桥在水乡人的心目中变成了有灵性的物件，人们对它永怀一种崇敬的心理。

在广东吴川县梅菉镇（现为吴川市梅菉街道），人们在每年的农历正月十五日，即传统的元宵节，要过一个独特的"桥梁节"。

这里属于典型的水乡，鉴江、梅江、袂花江，都流经吴川境内，清流道道，曲折迂回，形成许多天然的河汊、港渠。梅菉镇和隔海村都前临大海后靠鉴江，如今人们互相来往靠的是与两地相连的一座钢筋水泥大桥。

相传，以前是没有这座桥的。有一年元宵节，大家正在欢天喜地闹元宵，忽然间大雨倾盆，江水暴涨，眼看着就要把隔海村淹没了。渡船已被洪流卷走，全村人濒临死亡。就在这危急关头，一声惊雷过后，火花闪烁处，天上降下一位仙女。仙女把彩带一抛，彩带立即化作一座瑰丽的彩桥，横跨在江涛之上，把隔海村和梅菉镇连在一起了。村民们迅速撤出隔海村，通过彩桥逃离厄境。当所有的人都脱离危险，隔海村便被洪水吞噬了。为了感谢仙女的搭救之恩，每逢元宵节，他们都要架起一座简易的桥梁，并把它装点得漂漂亮亮，称之为"花桥"。

元宵节之夜，花桥上张灯结彩，披红挂绿，桥栏杆上挂满了剪制的各色花朵。两地的人呼亲唤友，络绎不绝地在花桥上走来走去，通宵达旦，笑语纷沓。桥栏上系挂的纸花，任人采撷。传说育龄妇女摘了白花生男孩，摘了红花生女孩。桥头还有小贩呼卖慈姑，说吃了慈姑的女性，将来会生儿子。有的还到桥下去洗手，为的是洗去心头的烦恼，在新的一年里事事如意。

现在，两地之间已建起了一座钢筋水泥大桥，真正做到了"风雨不动安如山"。但是，"逛花桥"却作为一种民间文化习俗传承下来，并被赋予崭新的含义。通过这座桥，人们大踏步走向外面的大世界，加强了与各地的联系，这真是一座"致富桥""连心桥"。

"逛花桥"的习俗，表达了水乡人民改变水乡交通的美好愿望，以及与外面的世界建立有效联系的憧憬。

中和节

ZHONGHE
FESTIVAL

OLD
CHINESE
FOLK
CUSTOM

▶ ▶ ▶ 中和节的另一个含义，是春将过半，离春分不远，正
是春色和畅的好时节。

农历正月与月晦
日送穷与迎富
月二日迎富

吉日初成晦，方塘遍是春。

按我国古代的说法，农历每月的最后一天都称为晦日，但独有正月的晦日最为人所重。立春已过去不少日子了，寒雪将尽，暖意渐浓，"柳处云疑叶，梅间雪似花"（唐·韩仲宣《晦日宴高氏林亭》），"吉日初成晦，方塘遍是春"（唐·孙逖《晦日湖塘》）。经历了一个寒冬的人们，心情自然开朗起来，宫廷、民间，皆洋溢着喜庆气氛。

宴饮便是一个重要的节目。

唐人张说在《晦日诏宴永穆公主亭子赋得流字》中写道："堂邑山林美，朝恩晦日游。园亭含淑气，竹树绕春流。舞席千花妓，歌船五彩楼。群欢与王泽，岁岁满皇州。"

此外，仕宦子弟、文人之间亦欢饮、行游，以示庆贺。"风日畅怀抱，山川多秀气"（唐·王维《晦日游大理韦卿城南别业四首》）；"春池满复宽，晦节耐邀欢"（唐·岑参《晦日陪侍御泛舟北池得寒字》）；"尊酒平生意，烟花异国春"（唐·钱起《江陵晦日陪诸官泛舟》）。

同时，在这一天，还有一个送穷神的习俗。

逐贫送穷，自古有之，西汉扬雄曾作《逐贫赋》，到了唐代以后，送穷之风仍盛。相传，穷鬼穿破衣，喝稀粥，在农历正月最后一天（晦日）死去，人们为了送走贫穷并使其永不再来，便举行送穷神活动。其送法有三：一是正月初六打扫庭院，在扫聚起来的垃圾堆上盖七张煎饼，然后扔到大路上去；二是正月二十九日将清除的垃圾扔到水中；三是正月最后一天熬粥、扔破衣，在巷口祈祷。有的人还结柳做车，缚草为船，供上干粮、点心进行祈祷。"就使真能去穷鬼，自量无以致钱神"（宋·唐庚《正月晦日儿曹送穷以诗留之》）；"盐米妻儿夜送穷"（宋·李新《正月晦日书事》）。

当然，这种送穷的美好愿望，在那个封建社会是无法实现的。唐人姚合的《晦日送穷》三首五言诗，沉痛地写出了穷鬼到处驻停的社会景况。其一："年年到此日，沥酒拜街中。万户千门看，无人不送穷。"其二："送穷穷不去，相泥欲何为？今日官家宅，淹留又几时。"其三："古人皆恨别，此别恨消魂。只是空相送，年年不出门。"

而在农历的二月二日，又有一个迎富的习俗。据《岁华纪丽》所载，早在有巢氏时代，传说在这一天有人要了一个孩子领回家中养活，从此家富。于是后人在这天到野外采蓬叶（蓬，一种多籽的植物，故以"蓬"代"子"），向门前祈祷，这便是迎富。《天禄识余》一书中则说，秦时在这一天携鼓至郊外戏耍，朝往暮归，叫作迎富。

龙抬头

DRAGON
HEADS-RAISING
DAY

OLD
CHINESE
FOLK
CUSTOM

▶ ▶ ▶ 二月二，龙抬头；大仓满，小仓流。

二月二
龙抬头

龙，鳞虫之长。能幽
能明，能细能巨，能
短能长，春分而登天，
秋分而潜渊。

民谚说："二月二，龙抬头；大仓满，小仓流。"

民间认为，农历的二月初二，是天上主管云雨的龙抬头的日子，此后雨水会逐渐增多，预示着这一年有好收成。因此，这一天被称为春龙节。

《说文解字》载："龙，鳞虫之长。能幽能明，能细能巨，能短能长，春分而登天，秋分而潜渊。"农历二月二日左右，正值惊蛰、春分节气，惊蛰龙抬头，春分龙登天，这就是春龙节的由来。

二月二日又称"龙抬头"，明人刘侗在《帝京景物略》卷二"春场"中说："二月二日曰'龙抬头'，煎元旦祭余饼，薰床炕，曰'薰虫儿'，谓引龙，虫不出也。"明人沈榜的《宛署杂记》亦说："都人呼二月二日为'龙抬头'，乡民用灰自门外蜿蜒布入宅厨，旋绕水缸，呼为'引龙回'。"

宫廷也十分重视这个节日，"二月初二日，各宫门撤出所安彩妆，各家用黍面枣糕，以油煎之，或曰面和稀摊为煎饼，名曰'薰虫'"（明·刘若愚《酌中志》）。

在清代的宛平县，"二月：二日曰'龙抬头'，因荐韭之余，家各为荤素饼餤,以油烹而食之,曰'薰虫儿',谓引龙以出,且使百虫伏藏也"(《宛平县志》)。

二月二日又是土地爷的生辰,所以"城内外土地神庙,香火不绝,游人亦众,又有放花盒灯香供献以酬神者,俗谓此日为'龙抬头'。此日饭食皆以龙名,如饼谓之'龙鳞',饭谓之'龙子',条面为'龙须',扁食(水饺)为'龙牙'之类"(清·让廉《春明岁时琐记》)。

古人庆祝春龙节,其目的是祈求雨水普降、虫害消除、五谷丰登,带有一种强烈的农耕文化色彩。

文昌会

WENCHANG CLUB

OLD
CHINESE
FOLK
CUSTOM

▶ ▶ ▶ 生死隶东岳，功名隶文昌。

文昌帝君，即文曲星，在天庭担任着玉皇大帝秘书的要职，专门起草诏书、圣旨。

在古代，读书人往往希望"一举成名天下知"，沿着秀才、举人、进士的路，扶摇直上。所以在农历二月初三，也就是文昌帝君的诞日，他们都会到当地的文昌宫、文昌祠或文昌阁去拜祭，祈求这位主管人间功名利禄的文运之神——文曲星，给予一种神力，使其在科场一举夺魁。

文曲星的祖庙，即四川梓潼县的文昌宫，又称大庙。它屹立在县城北10公里处的七曲山，紧傍川陕公路，原为晋张亚子祀庙。

传说张亚子是个极孝顺的人，家居梓潼七曲山。后在晋朝做官，不幸战死。死后，当地老百姓为他立庙，并奉他为梓潼的地方神，叫"梓潼神"；唐宋时他被封为英灵王。道家谓帝命梓潼掌文昌府事及人间禄籍，故张亚子在元代又加号为文昌帝君。清人袁枚在《续新齐谐·牟尼泥》中说："生死隶东岳，功名隶文昌。"于是全国各地皆有文昌帝君的处所。

梓潼的文昌宫因是祖庙，故规模十分宏大，现存建筑为明清遗构，主要殿宇有桂香殿、天尊殿、关圣殿、文昌殿等，依山取势，古朴清幽。文昌宫的门联是这样写的："宇庙大文章，源从孝友；古今名将相，气作星辰。"

　　《西游记》第三回，说这位文昌帝君，即文曲星，在天庭担任着玉皇大帝秘书的要职，专门起草诏书、圣旨。玉皇大帝听从太白金星的劝告，欲招安孙悟空，便令文曲星官写了诏书，派太白金星下凡履行招安使命。文昌帝君成为主管科名利禄的大神之后，普天下的读书人自然不敢怠慢，虔诚祭祀，以求仕进，古书中载有许多"灵应"的故事。

　　宋人陆游的《老学庵笔记》卷二中，说：李知几少时，祈梦于梓潼神。是夕，梦至成都天宁观，有道士指织女支机石对他说："以是为名字，则及第矣。"他遂改名为"石"，字"知几"，后来在省试中果然大捷。

　　这些当然是虚拟的，不过反映了古代的读书人"学而优则仕"的普遍心理。

　　明清时，农历二月初三这一天，各地官员以及读书人都要去本地的文昌宫进行祭拜，焚香祈祷，文昌宫一连三日表演戏曲、歌舞，民间称之为"文昌会"。

PEACH
BANQUET

蟠桃会

▶ ▶ ▶ 　　沧海之中，有度朔之山，上有大桃木，其屈蟠三千里。

三月初三
蟠桃会

西王母其状如人，豹尾虎齿而善啸，蓬发戴胜，是司天之厉及五残。

王母娘娘在我国是一个妇孺皆知的人物。传说她是玉皇大帝的妻子，又是一位长生不死的老寿星。在古典小说《西游记》中，王母娘娘庆寿时在瑶池举办"蟠桃会"，邀请了各路神仙。孙悟空因官小职微未被邀请而大发脾气，以致偷吃蟠桃园的仙桃，大闹蟠桃会，搅得天庭不宁。

在神话传说中，王母娘娘的寿诞为农历的三月初三。古人往往在这一天举行蟠桃会，以表祝寿的虔诚之意。

王母娘娘是民间的俗称，本名西王母，道教尊之为"九灵太妙龟山金母""太虚九光龟台金母元君"。

王母娘娘最初的形象是半人半兽，"西王母其状如人，豹尾虎齿而善啸，蓬发戴胜，是司天之厉及五残"（《山海经》）。到先秦成书的《穆天子传》中，她变成了一个美丽动人、才艺出众的女王，身上的兽气已丝毫不存在。到汉代刘安《淮南子》以及其他书中，她浑身洋溢着仙气，拥有天下独一无二的长生不死药和食之可与天地同寿的蟠桃，于是被供奉为长寿神。人间三月初三举办蟠桃会庆祝王母娘娘的寿诞，其目的自然是希望得到恩泽而延年益寿。

　　传说中不死药的生产地有两处，一为仙人居住的蓬莱仙山，一为西王母居住的昆仑山。《山海经》说昆仑山的"开明北有视肉、珠树、文玉树、玗琪树、不死树"，此树可用来提炼不死药。《淮南子》中说："羿请不死之药于西王母，姮娥（嫦娥）窃以奔月，（羿）怅然有丧，无以续之。"

　　嫦娥奔月的故事在我国流传甚广，唐人李商隐在《嫦娥》一诗中写道："云母屏风烛影深，长河渐落晓星沉。嫦娥应悔偷灵药，碧海青天夜夜心。"诗人想表述的是另一个意思：嫦娥后悔偷吃了不死药，以致在月宫独守寂寞和凄清。

　　王母娘娘的仙桃之所以被称为蟠桃，是因为汉代王充在《论衡·订鬼篇》引《山海经》中有"沧海之中，有度朔之山，上有大桃木，其屈蟠三千里"的话。

　　桃树是我国土生土长的果树，据考古工作者考证，已有七千多年的历史。在传说中，它是极有神性的树。夸父逐日，"道渴而死，弃其杖，化为邓林"，邓林即桃林。传说桃木、桃枝、桃符可驱鬼辟邪。《神农经》称："玉桃服之长生不死，若不得早服之，临死日服之，其尸毕天地不朽。"《西游记》则把王母娘娘之桃说得更加神乎其神："有三千六百株：前面一千二百株，花微果小，三千年一熟，人吃了成仙了道，体健身轻。中间一千二百株，层花甘实，六千年一熟，人吃了霞举飞升，长生不老。后面一千二百株，紫纹缃核，九千年一熟，人吃了与天地齐寿，日月同庚。"

　　古人的寿命短，在相当长的历史时期内，人均寿命不过三十多岁，故有"人生七十古来稀"之慨叹。人间借三月初三的蟠桃会，表达了健康长寿的美好愿望。著名画家齐白石为人祝寿喜欢以桃作为题材，并题"三千年""开花结果六千年"的款识，画面喜气盈盈，祝寿的意味十分浓郁。

寒食与清明

COLD FOOD FESTIVAL AND QING MING FESTIVAL

OLD
Chinese
Folk
Custom

▶ ▶ ▶ 　去冬节一百五日，即有疾风甚雨，谓之寒食，禁火三日。

且说纸钱

纸灰飞作白蝴蝶，泪血染成红杜鹃。

　　清明祭扫先人坟墓，古人必备香、烛、纸钱等物。明人刘侗《帝京景物略》卷二"春场"载："三月清明日，男女扫墓，担提尊榼，轿马后挂楮锭……"清人家日新曾写《纸钱诗》："纸钱纸钱谁所作，人不能用鬼行乐。一丝穿络挂荒坟，梨花风起悲寒云。寒云满天风刮地，片片纸钱吹忽至。纸钱虽多人不拾，寒难易衣饥换食。劝君莫把纸钱嗔，不比铸铜为钱能杀人。朝为达官暮入狱，只为铜山一片绿。"这首诗隐隐透出对祭坟烧纸钱的批判意向，认为纸钱"寒难易衣饥换食"，其实是一种毫无意义的浪费，正如唐人王建所说："三日无火烧纸钱，纸钱那得到黄泉。"（《寒食行》）

　　纸钱，旧称"楮钱"或"楮币"，包括用黄纸剪刻出的圆廓方孔铜钱形纸片，用锡箔或草纸折叠成的"元宝"，上面打眼的长方形黄纸片，以及印刷而成的"冥币"。祭坟时，或插挂坟头，或在坟前焚化。

　　作为货币流通所用的纸币的起源，应是宋代的"交子"。作为"阴间"流通货币的"纸钱"，在传说中使用时间似略晚于东汉蔡伦造纸之时。

　　蔡伦造纸，获利甚多，他的嫂子慧娘便让其夫蔡莫去跟蔡伦学习造纸。

蔡莫学艺三个月后，回家办了个纸坊，无奈技术太差，造出的纸质量不佳，堆积如山，难以销出。慧娘灵机一动，想出一计。当天半夜，蔡莫大声痛哭，惊动了左邻右舍前来询问。只见慧娘直挺挺地躺在一块木板上，脚跟前还点燃了长明灯。蔡莫边哭边说："就是这些纸卖不出去，气死了慧娘。"说完他拖过一捆纸来，一张一张就着长明灯的火焰烧了起来。他说要把这些纸统统烧成灰烬，以解心头之恨。烧着烧着，慧娘便"活"了过来，并告诉大家，她到了阴间之后，马上被安排去推磨受罪，幸而蔡莫烧的纸在阴间能当钱用，她把钱全部送给了三曹官。三曹官得了钱财，便暗暗地打开地狱门，把她放回人世。蔡莫听了，连忙又烧了两捆纸。这消息一传开，人们纷纷来买纸去烧，以使逝去的人不在阴间受苦。

这就是纸钱和烧纸钱习俗的来源，充满了迷信色彩，当然是不可信的。到唐宋时，烧纸钱祭墓已蔚然成风。"风吹旷野纸钱飞，古墓累累春草绿"（唐·白居易《寒食野望吟》）；"纸灰飞作白蝴蝶，泪血染成红杜鹃"（宋·高翥《清明》）。

踏青

东风陌上惊微尘，
游人初乐岁华新。
人闲正好路傍饮，
麦短未怕游车轮。

古人在春季郊游，称为踏青。

但在唐代，踏青节是上巳这一天，即农历三月上旬的巳日，"上巳赐宴曲江，都人于江头禊饮，践踏青草，谓之踏青履"（《秦中岁时记》）。也有说踏青节就是清明这一天，"（清明时节）提壶偕友，郊外踏青，折柳攀花，街如软绣"（《如梦录》）。宋代苏辙在《踏青》诗序中说："正月人日，士女相与游嬉……谓之踏青。"《岁华纪丽谱》认为："二月二日踏青节"。《馈饷仪》则说："三月三日上踏青鞋。"这些日子，指的皆是农历。虽然踏青节的具体日子各异，但这个日子处于春季则是无疑的了。

踏青，出外游玩，对于心理和生理健康都有极大的好处，此时到处春和景明，草绿花红，生机勃勃，可以调整心态，可以激发生命的活力，何乐而不为？

宋代大文学家苏东坡，写了一首《和子由踏青》的诗，描绘了他的家乡在农历正月初七（人日）踏青的情景："东风陌上惊微尘，游人初乐岁华新。人闲正好路傍饮，麦短未怕游车轮。城中居人厌城郭，喧阗晓出空四邻。歌鼓惊山草木动，箪瓢散野乌鸢驯。何人聚众称道人，遮道卖符色怒嗔。宜蚕使汝茧如瓮，宜畜使汝羊如麖。路人未必信此语，强为买服禳新春。道人得钱径沽酒，醉倒自谓吾符神。"具有喜剧气氛的是道士向人兜售一种符，说是可以祈求丰年，从一个侧面反映了当时蜀地的踏青习俗。

　　每逢春季，如果又恰逢假日，人们往往结伴去郊外踏青，一览春景，以消解工作中的紧张与疲劳。

斗鸡场彩楼双夹

唐代的斗鸡活动，一般在寒食、清明节期间举行。

　　前蜀主王建之妃姓徐，号花蕊夫人，是一位诗人，曾作《花蕊夫人宫词》百余首，其中有一首《宫词》，专写寒食、清明节宫廷的斗鸡活动："寒食清明小殿旁，彩楼双夹斗鸡场。内人对御分明看，先赌红罗被十床。"这个斗鸡的场面何等火热：在斗鸡场两边各搭一座彩楼供人观看，而宫女、嫔妃以"红罗被十床"来赌斗鸡的胜负。

　　我国的斗鸡活动，最迟兴起于西周、东周，在《庄子·达生》和《战国策·齐策》等典籍中皆有记载。在东汉的石刻和画像砖上，常有关于斗鸡场面的描绘。南北朝时，斗鸡之风亦盛，梁简文帝《斗鸡》诗云："玉冠初警敌，芥羽忽猜傗。"不过，那时的斗鸡活动不一定在寒食、清明期间举行。到了唐代，斗鸡从宫廷到民间，蔚然成风。长安大明宫、兴庆宫之间建起了皇家的斗鸡坊，并特意从禁军子弟中选拔了五百少年负责饲养、培育、训练斗鸡。唐玄宗本身就是一个斗鸡迷，对此极力倡导，"上之好之，民风尤甚"（唐·陈鸿《东城老父传》）。即使是当时的著名文人，概莫能免俗，纷纷加入斗鸡的行列，李白自称："我昔斗鸡徒，连延五陵豪。"（《叙旧赠江阳宰陆调》）张籍

自矜地唱道："日日斗鸡都市里，赢得宝刀重刻字。"（《少年行》）

唐代的斗鸡活动，一般在寒食、清明节期间举行。

唐人杜淹《咏寒食斗鸡应秦王教》写道："寒食东郊道，扬鞲竞出笼。花冠初照日，芥羽正生风。顾敌知心勇，先鸣觉气雄。长翘频扫阵，利爪屡通中。飞毛遍绿野，洒血渍芳丛。虽然百战胜，会自不论功。"斗鸡的场面写得非常生动，历历如在眼中。关于描写斗鸡的诗句，在唐人诗中随处可见，如"莺啼正隐叶，鸡斗始开笼"（韦承庆《寒食应制》）。

唐玄宗时，五百训鸡少年的首领叫贾昌，其父贾忠为玄宗的卫士，贾昌养鸡、训鸡、斗鸡很内行，因而十分受宠。唐代《神鸡童谣》云："生儿不用识文字，斗鸡走马胜读书。贾家小儿年十三，富贵荣华代不如。能令金距期胜负，白罗绣衫随软舆。父死长安千里外，差夫持道挽丧车。"

到宋代，寒食、清明斗鸡仍十分受人青睐。宋人刘筠《奉和圣制寒食五七言》诗云："饧市喧箫吹，鸡场临酒车。"当时还出现了与斗鸡有关的专著，如南宋周去非的《岭外代答》中，谈到了斗鸡的选种、训练和斗法。

在今天，我国的一些少数民族地区，斗鸡这个娱乐节目仍保留着，并成为旅游观光的一项内容。

放风筝又云"放晦气"

阶下儿童仰面时，清明妆点最堪宜。游丝一断浑无力，莫向东风怨别离。

寒食、清明前后的日子，春气上扬，东风袅袅，正是放风筝的最佳时节。

《红楼梦》第二十二回，探春作了一首关于风筝的诗："阶下儿童仰面时，清明妆点最堪宜。游丝一断浑无力，莫向东风怨别离。"从中可以验证古人在此期间开展放风筝的娱乐活动。

大观园的年轻男女相聚时，忽听得窗外竹子上一声响，恰似窗屉子倒了一般，众人吓了一跳，原来是一个大蝴蝶风筝挂在竹梢上了。紫鹃准备拿起来，探春笑道："紫鹃也太小器了，你们一般有的，这会子拾人走了的，也不嫌个忌讳？"黛玉笑道："可是呢，把咱们的拿出来，咱们也放放晦气。"

宝玉也打发小丫头去取"那个大鱼风筝"，可是已让晴雯放走了，宝玉非常遗憾，说："我还没放一遭儿呢。"探春说得很有意思："横竖是给你放晦气罢了！"

此回中还说到"放晦气"的方法，即当风筝飞得很高时，手中之线将尽，然后用剪刀剪断线，让风筝自由而去。黛玉因"这一放虽有趣，只是不忍"，李纨便说："放风筝图的是这一乐，所以又说放晦气，你更该多放些，把你

这病根儿都带了去就好了。"

清代的这种习俗，并非空穴来风。据古籍载，放风筝一开始就和原始的宗教有关，因当时科技水平极不发达，人们还没有能力来抵抗疾病和各种自然灾害的侵袭，因此产生了崇拜神灵、祈求天赐好运的心理，在风筝上予以寄托便是一例。他们往往在风筝上写上自己的名字，然后放上天去，再剪断牵线，让风筝飞走，认为这样可以达到消灾祛难的效果。所以，人家放走的风筝，是不能拾回的，否则就会沾上晦气。这种习俗，在民间又叫"放断鹞"。

"春衣称体近清明，风急鹞鞭处处鸣。忽听儿童齐拍手，松梢吹落美人筝。"（清·杨韫华《山塘棹歌》）诗中所说的"鹞鞭"，指缚于风筝背上的竹片做的簧，迎风如鞭鸣响；"美人筝"，即美人形的风筝。

放风筝是有益于身心健康的，不但可以活动全身的筋骨、血脉，还可以泄内热、清眼目。"春日放鸢，引线而上，令小儿张口而视，可以泄内热。"（宋·李石《续博物志》）"儿童放之空中，最能清目。"（清·富察敦崇《燕京岁时记》）

制风筝和放风筝的历史在我国源远流长，南方称之为"鹞子"，北方称之为"纸鸢"，"于鸢首，以竹为笛，使风入作声，如筝鸣，俗呼风筝"（明·陈沂《询刍录》）。清人顾禄在《清嘉录》中，记叙了当时风筝的奇妙："晚或系灯于线之腰，连三接五，曰'鹞灯'。又以竹芦粘簧，缚鹞子之背，因风播响，曰'鹞鞭'。"元人谢宗可也在《纸鸢》中写到当时放风筝的情景："画里休看郭恕先，巧糊片楮作蹁跹。影驰空碧摇双带，声遏行云鼓一弦。避雨飞来芳草地，乘风游遍绿杨天。黄昏人倚楼头望，添个红灯到上边。"

放风筝对于儿童来说，更是一项健康且有趣的娱乐活动。清代的《燕京杂咏·放风筝》是这样写的："槐榆舒绿柳含青，阵阵东风拂面生。最是儿童行乐事，置身檐瓦放风筝。"童心童趣，跃然纸上。

打秋千
与击球

长长丝绳紫复碧，
袅袅横枝高百尺。
少年儿女重秋千，
盘巾结带分两边。

在寒食、清明节期间，打秋千和击球是两项人们极为喜爱的体育活动。

打秋千，一说兴于汉武帝时，为宫人祝祷皇上千秋之寿而发明的游戏，当时称之为"千秋"，后世语讹为"秋千"。另一种解释，说秋千乃古代山戎人用于训练身手的军训项目，到春秋时，齐桓公出兵援助燕国，打败了山戎，此项目被带回，并逐渐在中原地区流传开来。到了唐代，"天宝宫中至寒食节，竞竖秋千，令宫嫔辈戏笑以为宴乐。帝呼为半仙之戏，都中士民因而呼之"。（《开元天宝遗事》）此后的宋、金、辽、元、明、清各朝，都喜爱打秋千这项运动。"辽俗最重清明，上至内苑，下至士庶，俱立秋千架，日以嬉戏为乐。"（《析律志》）明代将清明节称为"秋千节"（《灯宫遗事》）。

唐代诗人王建的《秋千词》写道："长长丝绳紫复碧，袅袅横枝高百尺。少年儿女重秋千，盘巾结带分两边。身轻裙薄易生力，双手向空如鸟翼。下来立定重系衣，复畏斜风高不得。傍人送上那足贵，终赌鸣珰斗自起。回回若与高树齐，头上宝钗从堕地。眼前争胜难为休，足踏平地看始愁。"诗中的少年儿女们比赛打秋千，自矜地不要人推，表现了一种对体育运动的酷爱之情。韦庄在《长安清明》诗中亦云："绿杨高映画秋千。"

击球这项体育运动，在古代十分流行，既可一人表演，又可集体比赛。

这种球，状小如拳，用质轻而坚韧的木材制成，
中间掏空，外面涂上红色或其他颜色，有的
还加以雕饰，所以又称"珠球""画球""七
宝球""彩珠"等。有的球，外面裹以毛皮，
里面塞以棉花，轻盈精巧。个人表演，则以
足踢之，如《水浒传》中的高太尉，即是一
位身怀绝技的"球星"。集体表演，可骑马、
骑驴或步行分成两队以足踢之或以球杖击之，女性多以步行参赛，以球入门
多少来评定胜负。

这两项运动，在唐、宋人的诗中多有反映。"蹴鞠（踢球）屡过飞鸟上，
秋千竞出垂杨里"（唐·王维《寒食城东即事》）；"彩绳（秋千）拂花去，
轻球度阁来"（唐·韦应物《寒食》）；"彩素（秋千）拂庭柯，轻球落邻
圃"（唐·温庭筠《寒食节日寄楚望二首》）；"蹴鞠逢南陌，秋千送晚烟"
（宋·谢景初《禁烟即事》）。

经历了一个漫长的冬天，在春天这充满生机的日子里，人们开展各种有
益的体育活动，对身体是大有裨益的。

拔河与走绳

今小儿两头曳索对挽之，强牵弱者而扑，以为胜负，喧笑为乐。即唐清明节拔河之戏也。

《荆楚岁时记》中说到，在寒食节古人除击球、打秋千之外，还开展一项集体的竞技运动——拔河。

明人田艺蘅《留青日札》载："今小儿两头曳索对挽之，强牵弱者而扑，以为胜负，喧笑为乐。即唐清明节拔河之戏也。"

拔河，古名"牵钩""拖钩""施钩"。

春秋时，鲁国著名工匠鲁班（公输子）游历楚国，楚国正准备与吴国水战，他便发明创造了一种叫"钩强"的器械。在取胜时可以用"钩强"钩住敌船，不让其逃掉；在失利时可以用"钩强"抵住敌船，不让其接近。（《墨子·鲁问》）以后，这种战术又从水上移到陆地，基本动作从"退则钩之，进则强（拒）之"演变为单一的"钩"，也就是"拖"和"牵"，进而成为一种竞技性的集体活动，即拔河。

这种体育活动，在当时的楚国很流行，到南北朝时，成为寒食节的一个群体性的重要活动内容。《荆楚岁时记》说，这种"牵钩之戏"或"施钩之戏"，所使用的篾缆，长达数里，以"鸣鼓"助威，并调整双方用力的节奏。参加人数之多，场面之宏大，正如《隋书·地理志》所言："群噪歌谣，震惊远近。"

到了唐代，因中宗、玄宗等皇帝的倡导，这种活动更加普及，并正式定名为

"拔河"。对于"拔河"一名的由来，大多数人认为是对当时楚人水战艺术的纪念。唐代的拔河用具，是一根长达十五六米的粗大麻绳，麻绳两端分系数百根小绳。竞赛时，两拨人各自拉住小绳在胸前挽成圈，以便于发力。在长绳正中处，"立大旗为界"，在鼓声和呐喊声中，"以却者为胜，就者为输"（《唐语林》）。中宗和玄宗曾多次驾临宫门、梨园球场，观赏宫女、近侍以及驸马、大臣间的拔河比赛，有时"挽者至千余人，喧呼动地"。

拔河一直流传至今，成为民间一项有益于身心健康的群众性体育运动。

此外，还有一项与绳有关的杂技，唐代多在寒食节的广场进行表演。广场上空悬挂起绳索，训练有素的艺人们在上面表演各种惊险动作，称为"走索"或"走绳"。这种杂技兴起于汉代，"后汉天子临轩设乐……以两大绳系两柱，相去数丈，二倡女对舞，行于绳上，切肩而不倾"（《通典》）。到了这一天广场上人头攒动，人们以观看表演为乐事。

唐人刘言史在《观绳伎》一诗中写道："泰陵遗乐何最珍，彩绳冉冉天仙人。广场寒食风日好，百夫伐鼓锦臂新。银画青绡抹云发，高处绮罗香更切。重肩接立三四层，著屐背行仍应节。两边丸剑渐相迎，侧身交步何轻盈。闪然欲落却收得，万人肉上寒毛生。危机险势无不有，倒挂纤腰学垂柳。下来一一芙蓉姿，粉薄钿稀态转奇。坐中还有沾巾者，曾见先皇初教时。"从中我们可以看到当时杂技女演员的高超技艺：在鼓声中，她们如仙女轻盈地走上高空的五彩绳索，有时重肩接立，有时倒行，有时二人错身交步，有时倒挂绳上，令人心惊肉跳。

诗中所说的"泰陵遗乐"，是唐玄宗时的乐舞，在此处代指"百戏"。作者即是那位"沾巾者"，他是唐玄宗时的老臣，因为他想起了唐玄宗当初教绳伎演出的情景。"杂技，唐代称为散乐百戏。盛唐有完备的杂技组织和训练机构——教坊。古长安城的勤政楼下，花萼楼南规模盛大的百戏会演连年举行，节目丰富，技艺高超，四方异域的风格毕集，各地出色艺人荟萃。"（傅起凤、傅腾龙《中国杂技》）

春

**SPRING
SACRIFICE**

OLD
CHINESE
FOLK
CUSTOM

社

▶ ▶ ▶ 社日，四邻并结宗会社，宰牲牢，为屋于树下，先祭神，

然后享其胙（祭肉）。

箫鼓追随

春社近

忽然箫鼓来何

处，走煞儿童最

可怜。虎面豹头

时自顾，野讴市

舞各争妍。

　　春社，是我国一个十分古老的节日，在立春后第五个戊日祭祀社神。因祭祀活动多以村子为单位举行，故又称村社。社神为谁？据传是水神共工的儿子，名叫勾龙。水神在与天神作战时，把撑天柱撞断，导致天崩地裂。女娲炼石补好了天，勾龙运土填平了地。后来天帝封勾龙为后土，管理天下的土地，人们便称他为社神，年年祭祀，祈求五谷丰登。社神，俗称土地神。《荆楚岁时记》载："社日，四邻并结宗会社，宰牲牢，为屋于树下，先祭神，然后享其胙（祭肉）。"可见，古人是相当重视这个节日的。

　　传说在这一天，社神不喝旧水，所以天必下雨。其实，社日正当春令，自然是雨多晴少。"年年迎社雨，淡淡洗林花。"（宋·梅尧臣《春社》）人们准备了丰盛的酒肉，先让社神享用，"老盆初熟杜茅柴，携向田头祭社米"（宋·范成大《四时田园杂兴》）。祭神仪式自然由巫师米主持，通过他来沟通人与神之间的联系："老巫前致词，小姑抱酒壶：愿神来享常欢娱，使我嘉谷收连车。牛羊暮归塞门闾，鸡鹜一母生百雏……"（宋·陆游《赛神曲》）。

　　为了讨得社神的欢心，往往要举行迎神赛会，人们或戴着面具载歌载舞，

或奏响各种乐器，直到深更半夜。"忽然箫鼓来何处，走煞儿童最可怜。虎面豹头时自顾，野讴市舞各争妍"（宋·杨万里《观社》）；"神归人散醉相扶，夜深歌舞官道隅"（宋·陆游《赛神曲》）。

在祭过神后，人们将一些肉丢给庙外的鸦群享用，剩下的酒肉便由村人来大嚼大喝，充满着一派欢乐的气氛。"坛边伺肉鸦，春醪朝共饮"（宋·梅尧臣《春社》）；"桑柘影斜春社散，家家扶得醉人归"（唐·王驾《社日》）。人们还将春天盛开的花折下来插在帽子上，"开眼已怜花压帽"（宋·李公麟《春社出郊》），使节日变得更加多姿多彩。

民间传说在社日这天喝酒，可使耳聪，可治耳聋。"社公今日没心情，为乞治聋酒一瓶"（唐·李涛《春社从李昉乞酒》）；"放怀聊喜酒治聋"（宋·李公麟《春社出郊》）。

祭神的饭称为"社饭"，由米饭与菜羹相拌而成，有的地方用的是米与肉。《遵生八笺》载："春社日，以诸肉杂调和铺饭上，谓之社饭。"

社日这天，男女老幼同欢同乐，就连妇女也停下了手中的劳作。"今朝社日停针线，起向朱樱树下行。"（唐·张籍《吴楚歌词》）

仓颉诞日

CANGJIE'S BIRTHDAY

OLD
CHINESE
FOLK
CUSTOM

▶ ▶ ▶　　　苍颉作书而天雨粟，鬼夜哭。

感铭造字神

我国早在仰韶时期就有了图画文字，西安半坡出土的陶器上，便刻有一些图纹符号，郭沫若主编的《中国史稿》中说："可以肯定地说就是中国文字的起源，或者中国原始文字的孑遗。而且从陶器上的图形纹饰推测，当时还应该有象形文字。"

图画文字逐步演化成真正的文字，殷商时代的甲骨文已发现的有四千多个字，甲骨卜辞记载了当时的种种社会活动。文字的形成，标志着中华民族跨入了文明的门槛。对于文字的创造者，中华儿女永怀感激之情，于是出现了造字神话和造字神仓颉（又作苍颉）这个传说人物，人们在他的诞日——农历三月二十八，举行各种庆祝活动。

"苍颉，黄帝臣。或说是古帝。苍一作仓。《世本·作篇》：'黄帝使苍颉作书。'《淮南子·本经训》：'苍颉作书而天雨粟，鬼夜哭。'又汉许慎《〈说文〉序》：'黄帝之史仓颉，见鸟兽蹄迒之迹，知分理之相别异也，初造书契，百工以乂，万品以察。'"（袁珂《中国神话传说词典》）传说中的仓颉长着四只眼睛，神光灼灼，他是黄帝的史官，陕西省白水县是他生活过的地方和最后的安葬处。这里有座仓颉庙，庙宇恢宏；早在约两千年前的东汉，此庙已颇具规模。而在其他地方，亦建有仓颉庙，如河南南乐县，庙的正殿联写道："盘古斯文地，开天圣人家。"

其实造字是人类社会活动中的一种集体劳动，是无数人年深月久努力的结果。其中有的人对这些成果进行了整理、加工和提炼，这也是无疑的，仓颉大概是此中最杰出的一位，于是便被尊为造字之神，被奉为祖师。

对中国造字做出杰出贡献的，还有东汉的许慎。他所著《说文解字》一书，涉及文字、音韵、训诂的方方面面，具有高度的实用价值和理论价值。其子许冲在《上说文解字表》中说："六艺群书之诂，皆训其意。而天地鬼神、山川草木、鸟兽昆虫、杂物奇怪、王制礼仪、世间人事，莫不毕载。"清人王鸣盛称："《说文》为天下第一书。"在清代，有关《说文解字》的论著，可说是汗牛充栋，卓然成家者也大有人在，但最为人称颂的是段玉裁、桂馥、王筠和朱骏声，他们被誉为"说文四大家"。

古代的胥吏，也奉仓颉为祖师，尊其为"仓王"。"京师百司胥吏，每至秋，必醵钱为赛神会，往往因剧饮终日。苏子美（苏舜钦）进奏院会正坐此。余尝问其何神，曰仓王。盖以仓颉造字，故胥吏祖之。"（宋·叶梦得《石林燕语》）这是因为胥吏的职务是办理文牍，不可离开文字须臾，他们十分敬奉造字神仓颉。

药王诞日

BIRTHDAY
OF KING OF
MEDICINE

▶ ▶ ▶ 药王庙，专祀扁鹊，香火最盛。

药王会

在药都安国，药王庙历史悠久，始建于汉代，明代重修，殿阁峥嵘，建构精良。

　　我的出生地湖南湘潭，与河北的安国、江西的樟树，都是中国有名的药都。而我家的上辈人中，父亲及几位伯父皆服务于医药业，故我耳濡目染甚多。在过去，每逢农历的四月廿八日，为药王的诞生日，全城的医药界同人，必到药王庙隆重祭祀，晚上在江西会馆大摆酒席，并请戏班子登台献艺。这一天所有的雇员虽不工作，但皆由老板支薪。

　　中国的医药文化源远流长，以中草药治病疗疾更是闻名遐迩。最早的医药圣手是神农，《淮南子》中说神农"尝百草之滋味，水泉之甘苦，令民知所辟就。当此之时，一日而遇七十毒"。"（神农）始尝百草，始有医药。"（《补史记·三皇本纪》）除神农之外，历史上还出现过许多名医、神医，被后人敬奉为医王、药王。被称为药王的有伏羲、黄帝、扁鹊、华佗、孙思邈、李时珍、张仲景，等等。

　　扁鹊是中华医学的始祖之一。他是战国渤海（今河北任丘）人，姓秦名越人。年轻时他是一家客店的掌柜，后来得到长桑君密授的药方及药物，依嘱饮药三十日，目光可以透视隔墙那边的人，可以清楚地看见病人的五脏六腑。他曾用针灸救活了暴厥而"死"的虢国太子；曾看出了齐桓公外表健康而实则病魔缠身的征兆，但齐桓公因忌医而导致病入膏肓，命归黄泉……在当时，扁鹊名满天下，万人景仰，后来被妒才的秦国太医令暗杀致死。扁鹊的事迹被司马迁采撷而写成《扁鹊仓公列传》，收入《史记》一书中。

扁鹊因医术高超，医德高尚，受到后世医药行的推崇，被尊为祖师。如宋景祐元年（1034年），仁宗患重病，被名医许希以针灸法治愈，欲以封官、赐物为奖。许希拜谢后，又向西拜，并称是拜扁鹊祖师，"请以所得金兴扁鹊庙"（《宋史·许希传》）。仁宗遂建庙于城西隅，封扁鹊为灵应侯。在全国各地，大多有药王庙，扁鹊家乡的药王庙最为著名。

在药都安国，药王庙历史悠久，始建于汉代，明代重修，殿阁峥嵘，建构精良。门前竖有两根二十余米高的铁旗杆，上悬吊铃，下有一副铁铸对联："铁树双旗光射斗，神麻普荫德参天。"庙中碑碣林立，有的碑上刻着古药方和药材知识。与别的药王庙不同的是，主殿供奉的药王是东汉时的开国功臣邳彤，他文武兼备，精通药理，死后葬于安国南门外。而南北配殿中，供奉的是中国十大名医的塑像，左有华佗、孙林、张子和、张介宾、刘河间，右有扁鹊、张仲景、孙思邈、徐文伯、皇甫士安。

在现代生活中，中医药仍在发挥着巨大的作用，并为世界所瞩目。在日本、韩国及其他国家，中医药被广泛用来治病疗疾，实为一大幸事。

井神诞日

BIRTHDAY OF
WELL GOD

OLD
CHINESE
FOLK
CUSTOM

▶ ▶ ▶　　井神的诞日，为农历六月十一日。

六月十一
祭井神

五祀者，何谓
也？谓门、户、
井、灶、中雷
（土神）也。

　　水是人类生活中必不可少的。除了取用河、湖、塘水之外，掘地为井，也是一个很普遍的取水途径。

　　古井，讲究的，有一个凸出地面的石井台，设有栏杆，井台的边缘覆着苔衣；台中央为井，砌有圆形的石井围；台上搭着亭子，井上安着辘轳，辘轳上缠着粗绳，绳子两端各系一个水桶，利用重力，一上一下地汲水，很省力气。这些古井，或置于庭院，或立于街边，或建在车马经过的驿道旁。

　　在中国的民间信仰中，万物有灵的观念十分流行，江河湖海，土石山岳，乃至门、户、灶、帚，无不有神。而与人们日常生活联系紧密的水井，当然也有让人敬祀的神，这就是井神。

　　井神一般没有自己的庙宇，塑像也不多，只有少数的井旁建有小小的神龛，作供奉井神之用。有的井旁立着两尊井神石像，一男一女，这就是井神夫妇。

　　井神的诞日，为农历六月十一日。

　　祭祀井神的传统极其悠远，为远古先民的"五祀"之一。"五祀者，何谓也？谓门、户、井、灶、中雷（土神）也。"（《白虎通·五祀》）

在井神诞日，人们往往在井前焚香点烛，摆上甜甜的食品，以祈求井神保井水甘甜可口，无毒无异味。

大概是因为井与人类的生活关系太密切了，所以人们对井神的祭祀活动格外隆重，除井神的诞日祭祀外，各地还有很多礼仪习俗。

除夕日封井，春节后第一次去取水，要烧纸钱祭井。开挖新井时，要竖一面红白布条做的旗，以保井水充沛，家小平安。有的地方生小孩，第三天分送喜面时，还要往井里倒一碗；产妇第一次上井取水，也要拜井神。在干旱岁月求雨时，在井中取水，水桶上要插柳枝，祈请井神协助龙王普降甘霖。

更有意思的是，民间传说大年三十这天，井神要去东海龙王那里禀告一年的供水情况，初二归位，他要恭候龙王来巡视。所以，人们大年初一不取水，初二一大早再去井中取水，叫作"抢财"。

抛开祀井神的迷信色彩，我们可以看到古人对自己生存环境的重视。保持水源的充足、水质的洁净，在今天仍有十分积极的意义。

火龙会

FIERY DRAGON FEAST

▶ ▶ ▶　火龙会即耍火龙，其目的主要是驱虫禳灾，通常夜晚举行。

"火龙"耀夜思炎帝

早稻扬花时节，在茶陵、炎陵一带边远地区，都要举行火龙会。

炎帝，是中国农耕文化的创始者，他为中华文明做出了杰出的贡献。炎帝与黄帝，又被尊为中华民族的始祖神。炎帝死后葬于康乐乡（今属炎陵县），这里有规模宏大的炎帝陵区。每年农历的六月十一日至十三日，正当早稻扬花时节，在茶陵、炎陵一带边远地区，都要举行火龙会。火龙会最为壮观的地方，是炎陵山附近的乡村。

"火龙会即耍火龙，其目的主要是驱虫禳灾，通常夜晚举行。所谓火龙，实际上是用稻草编扎而成的。式样与正月十五各地玩的龙灯差不多，有龙头、龙尾、龙身。从龙头到龙尾用十几根约2米长的木棍将草龙固定，把木棒竖起来，就是一条栩栩如生的草龙。然后在草龙身上遍插点燃的'线香'，就成了地地道道的'火龙'了。"（曹敬庄《炎帝传说故事》）

六月十一日，夜幕刚落，各村的火龙就出发了，前有灯笼、火把开路，后有锣鼓簇拥。舞龙者先是走家串户，每至一处即舞上一阵，户主便会在火龙上添插一根"线香"，火龙也就愈加火光闪射。然后，他们再走到村外，围着田垄周围舞上一圈，边舞边喊"号子"，随行的男女老少也跟着大声吆喝，到二更天时，方回到村里。与此同时，村民还在田头地尾竖起毛竹竿，竿尖挑起装满松膏的铁罩子，名曰"点天灯"。舞火龙要持续三个夜晚，最后一夜在舞完火龙后，再在村头把火龙焚烧尽。

鲁班节

LU BAN
FESTIVAL

OLD
CHINESE
FOLK
CUSTOM

公输般，天下之巧工也。

六月十六
祀鲁班

公输子削竹木
以为鹊，成而
飞之，三日不
下，公输子自
以为至巧。

　　每年农历的六月十六日，香港的木工行、泥水行、搭棚行的工人，都要热热闹闹地过"鲁班节"。这一天，全体同人休业，白天到西环青莲台的鲁班古庙去敬香朝拜，隆重祭祀；夜里则大摆酒席，开怀畅饮，与神同乐。他们认为喝了祖师爷的诞辰酒，不但业务兴旺，而且一年中平安吉祥。

　　在行业神中，鲁班名声最大，影响也最深远，成为木、瓦、石等土木建筑行业的祖师爷。鲁班在历史上是实有其人的，他是春秋末期鲁国的一位著名工匠，他大约生于鲁定公三年（公元前 507 年），活了六七十岁。

　　鲁班，又叫公输般、公输子，因生于鲁国，而"般"与"班"同音通用，故又称鲁般。《吕氏春秋·爱类》云："公输般，天下之巧工也。"

　　鲁班所处的时代，由于铁器的广泛使用，生产力得到很大的提高，因而手工业也随之迅速发展，木工尤甚。在西周时，木工就有七个工种，"攻木之工七"（《周礼·考工记》）。这七个工种是：轮、舆、弓、庐、匠、车、梓。到了战国时期，木工更是大显身手，在建造房屋，制作战车、舟船、民用车舆以及棺椁等方面，为世人所重。而鲁班是这个行业中的领军人物，他善于总结前人的经验，敢于创造，勇于实践，名声大振。

他发明创造了许多生产工具，如铲、刨、钻、曲尺等。

他制造过能飞上天的木鸟。"公输子削竹木以为鹊，成而飞之，三日不下，公输子自以为至巧。"（《墨子·鲁问》）

他制造过最早的木质机器人。"世传言曰，鲁般巧，亡其母也。言巧工为母作木车马，木人御者，机关备具，载母其上，一驱不还，遂失其母。"（《论衡·儒增》）他还为楚国制造过云梯、钩强（船上作战武器）等攻城设备和作战武器（见《墨子》的"公输篇"和"鲁问篇"）。

在以后岁月的流变中，鲁班逐渐由"人"过渡为"神"，到唐代时，关于鲁班的传说大量出现并流行于大江南北，增加了许多十分神异的内容，他由一个木工成为整个建筑行业的能工巧匠，几乎无所不能，而且创造了许多奇迹。"今人每睹栋宇巧丽，必强谓鲁般奇工也，至两都寺中，亦往往托为鲁般所造，其不稽古如此。"（唐·段成式《酉阳杂俎续集》）

唐宋以来，行会风行，许多手工业如木作、砖瓦作、石作、竹柳作，都有自己的行会组织。到明、清时，行会转化为行帮，每一行都供奉自己的行业神，于是，木、石、泥瓦行便以鲁班为祖师爷。《鲁班经》载，明初北京的木工已建庙祭祀鲁班，其他地区，比如我的出生地湖南湘潭，"立有鲁班庙，以为祈报"（《嘉庆湘潭县志》）。至今湘潭城中，犹留有鲁班庙的旧址，此庙门墙依旧，特别是门楣上及两侧的砖雕十分生动，但里面已没有鲁班的神像了，而成为一个区文化馆的办公场所。

鲁班庙中，供奉鲁班神像的鲁班殿，又称为祖师殿，在过去，凡行会议事，订行规、工价，乃至师傅收徒，都在此举行。祭祀的日期，除农历的六月十六之外，一些地方还有农历五月初七、六月十三、六月二十四和腊月二十之别。

火神诞日

THE GOD OF FIRE'S BIRTHDAY

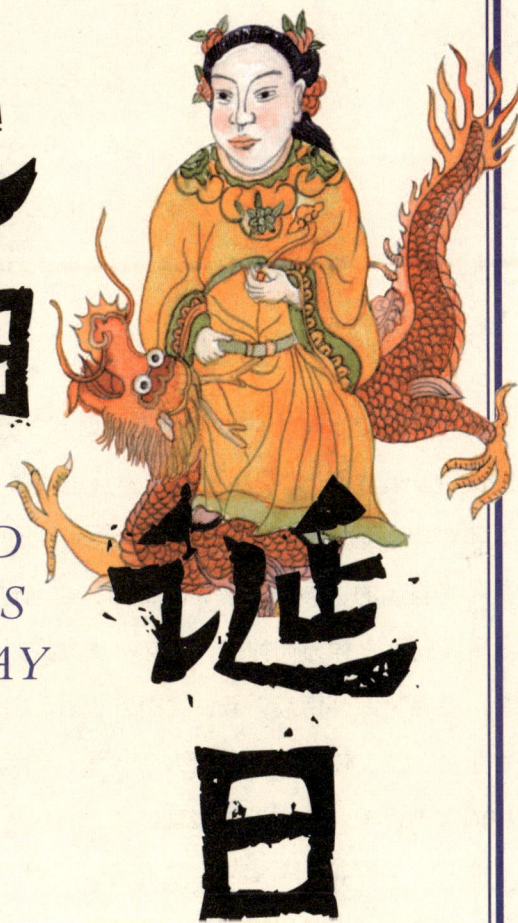

▶ ▶ ▶ 　南方祝融，兽身人面，乘两龙。

敬火神

民间所称的火神，是几个火神的综合体，故而在民俗的祭祀中，火神的诞辰有两个，即农历的六月二十三和九月初九。

在人类文明史上，火的发明具有划时代的意义，先民们以火驱退野兽，以刀耕火种发展生产，懂得生火而烹熟食来改善生活，并用火取暖驱寒。总之，火给人类带来了福音，于是，人类无比感铭火的发明者和管理者。世界各国各民族都有自己的火神和关于火的神话，中国自不例外。

我国民间称火神为火神爷，那么火神到底是谁呢？

《山海经·海外南经》载："南方祝融，兽身人面，乘两龙。"郭璞注："火神也。"《左传·昭公二十九年》说："火正曰祝融。"火正，司火官。神话中的火神祝融，变成了司火官。

《淮南子·氾论训》载："炎帝于火，死而为灶。""灶"即灶神，也是火神，这是神话中最早的火神。

《山海经·大荒西经》载："有人名曰吴回，奇左，是无右臂。"郭璞注："吴回，祝融弟，亦为火正也。"

《左传·昭公十八年》载："禳火于玄冥、回禄。"回禄，即火神。有的书上说回禄即吴回。

由此观之，民间所称的火神，是几个火神的综合体，故而在民俗的祭祀中，火神的诞辰有两个，即农历的六月二十三和九月初九。在这两个日子，从官方到民间，都要隆重地祭拜，有的地方还抬着火神爷的神像在鼓乐声中游街，场面十分热闹。如果我们仔细考察，会发现这两个诞日分别处在酷夏和燥秋，正是火情容易发生之时，人们予以庆贺，其一是祈请火神爷多方关照，其二是以此警醒自己，提高防火消灾的意识。

民间还有送火神的活动，颇具有民俗意义。即在发生火灾后，火灾发生地的人们举着纸画的火神爷像，抬着祭品，敲锣打鼓顺着风或水流的方向，将其送到下一个人口稠密的地方；下一处接了火神爷，再往下一处送，一直送到无村落、城镇的地方，再焚化火神像，请其归天。按传说，既然发生了火灾，即是得罪了火神爷，人间便要表示忏悔，好好地把他送走。其实，这种接送火神爷的过程，体现了一种宣传、警示的作用，让人们千万注意火烛，确保生命财产的安全。

20世纪50年代末，我居住的古城湘潭平政路十二总一家印刷小作坊失火，因扑救及时，只是烧毁了几间房屋和一些设备。于是，人们开始了送火神的仪式，顺着湘江水流的方向，一处一处往下送，最后一处，即到城郊接合部，这才在鞭炮、锣鼓声中焚化神像，酹酒祝祷，仪式也就结束了。当时我才上小学，甚觉新奇，和几个小伙伴一直跟着队伍观看，几十年后印象犹深。

河南偃师有座火神庙，庙联为："炎帝居离宫，借来甲乙生火；祝融镇南方，派去丙丁克金。"此中典出《礼记·月令》："其日丙丁，其帝炎帝，其神祝融。"

七夕

DOUBLE
SEVENTH
FESTIVAL

OLD
Chinese
Folk
Custom

▶ ▶ ▶ 　古代七夕，乞求巧艺，乞求子嗣，乞求美满婚姻。

七夕乞巧

乞巧楼前雨乍晴，弯
弯新月伴双星。邻家
小女都相学，斗取金
盆看化生。

　　农历七月七日的夜晚，俗称"七夕"，是天上牛郎织女一年一度相会的美好时刻。民间便形成一个完全属于妇女的佳节，即乞巧节。

　　南朝梁宗懔所写的《荆楚岁时记》云："七月七日为牵牛织女聚会之夜，是夕，人家妇女结彩缕，穿七巧针，或以金银鍮石为针，陈瓜果于庭中以乞巧。"

　　所谓"结彩缕，穿七巧针"，是指妇女用彩线来回穿过有七个针眼的"乞巧针"，穿得快的人便表示"乞"到"巧"了。这种针并不能用来缝衣服，"其实此针不可用也"（宋·金盈之《醉翁谈录》），只用于乞巧。而在元代，七夕时，宫女们则登上高台，各用五彩线穿"九尾针"（元·陶宗仪《元氏掖庭记》）。这种"乞巧针"也有两孔的，"缕乱恐风来，衫轻羞指现。故穿双眼针，特缝合欢扇。"（梁·刘孝威《七夕穿针诗》）不过，她虽穿的是两孔针，却是在袖子里进行的，其技艺自然更巧。妇女在穿针时，因月光不甚明朗，于是人们打开妆镜，借反射的光亮来进行，"家人竞喜开妆镜，月下穿针拜九霄"（唐·权德舆《七夕》）。

　　《红楼梦》中的大观园，有如女子国，七夕乞巧自然是不可少的。贾宝玉所作的《芙蓉女儿诔》中，有"楼空鸩鹊，徒悬七夕之针"的句子。

宋代七夕乞巧之俗，十分繁复。《东京梦华录·七夕》载："至初六日、七日晚，贵家多结彩楼于庭，谓之'乞巧楼'。铺陈磨喝乐（一种泥塑小偶）、花瓜、酒炙、笔砚、针线，或儿童裁诗，女郎呈巧，焚香列拜，谓之'乞巧'。妇女望月穿针。或以小蜘蛛安盒子内，次日看之，若网圆正，谓之'得巧'。"

元人孙淑的《七夕》写道："乞巧楼前雨乍晴，弯弯新月伴双星。邻家小女都相学，斗取金盆看化生。""化生"是指一种游戏，即妇女从市铺买回蜡做的小娃娃，放在"金盆"的水中，观看蜡孩浮水的样子，她们认为这样可以乞生子嗣和给子女带来吉祥。

到了明、清，还流行在七夕节这天的上午，玩一种"丢巧针"的游戏。先端一碗特制的水，将其曝晒于太阳下，略等片刻，水面便产生一层薄膜，而后将平日缝衣或绣花的针投入水碗中，针便浮于水面。丢针的人再去观看水底的针影，如呈云形花朵鸟兽之影，或细直如针形者，便是"乞"到"巧"了。"穿线年年约北邻，更将余巧试针神。谁家独见龙梭影，绣出鸳鸯不度人。"（清·吴曼云《江乡节物诗·试针》）这首诗写的是"丢巧针"，除了乞求有高超的手艺外，还暗暗乞求配一个如意郎君。

关于蜘蛛网乞巧之举，起源于唐代的"蛛丝卜巧"。杜甫在《牵牛织女》诗中吟道："蛛丝小人态，曲缀瓜果中。"唐代妇女往往在七夕第二天拂晓开盒比试，看谁的蛛网好，以判断谁得到"巧"了，"不知谁得巧，明旦试相看"（唐·祖咏《七夕》）。

古代七夕，乞求巧艺，乞求子嗣，乞求美满婚姻，表现了妇女对幸福生活的一种真挚向往。

拜斗会

WORSHIP
GRAIN

▶ ▶ ▶　故各村没有设土地祠，只是在祭祀时，把雅称"金银斗"

的稻桶披红挂绿，置于坛上祭拜，此即"拜斗"。

拜彩斗 五谷丰登

在浙江东阳，每年于收割完毕、谷米进仓时，必祭奉谷神，举行拜斗会。

在浙江东阳，每年于收割完毕、谷米进仓时，必祭奉谷神，举行拜斗会。

东阳的民间传说别具一格，认为谷神降临，并不居于庙堂祠宇，而是附于打稻用的稻桶上。故各村没有设土地祠，只是在祭祀时，把雅称"金银斗"的稻桶披红挂绿，置于坛上祭拜，此即"拜斗"。又因稻桶十分笨重，且不雅观，便用特制的斗来替代，有稻桶斗、元宝斗、纱帽斗、圆桶斗、宝塔斗等。稻桶斗保持稻桶的原状，以大红为底，四壁边镶金色锡箔花鸟剪纸，图案多为橘子和梨子，以谐音合"吉利"之意。当中书大字一个，连同四壁三字合成一句祝愿之辞，如"五谷丰登""风调雨顺""国泰民安""年丰岁祥"之类。

拜斗节大约于农历七月中旬举行，此时早稻已进仓。具体日期，多选带有"二、四、六、七、十"的日子，谐音皆为吉利字。拜斗的地点多在晒谷坪，祭坛由数张八仙桌拼合而成，上摆彩斗六只，一大五小，大者代表司谷之神，小者各代表稻、稷、麦、黍、菽神。参加祭祀仪式的都是中年妇女，也有上了年纪的女性参加，但一般只做指导。男人不准参加，只在一旁做些放爆竹、敲锣鼓、吹唢呐、维持秩序的杂事。坛前置供桌，供品有百谷、百果、百花，皆示百祥之数。祭坛左右，分别栽有两株"摇钱树"，左为柏，右为竹，枝上挂着锡箔纸做的金银元宝。柏和竹，即"百足"，有"百样富足"的寓意。

拜斗节男人不准参加，似乎还存有母系氏族社会的一抹余风。

当拜斗仪式开始，妇女们结队从燃着的稻草堆上跨过去，称为"熏火浴"，以消除身上的秽气。主持者点燃第一根蜡烛，男子们放响爆竹，奏起鼓乐。同时，一中年女子装扮成谷神，起舞于坛前，众女列队持香跪拜，并向谷神念谢恩之诗，唱谢恩之歌。周围的观者，也跟着一起唱。接着，还要在坛前演出戏文。

拜斗会，从民俗意义上讲，它反映了农民丰收后的喜悦，反映了农民对自己辛勤劳动的肯定。而以斗替代各神，凸现了我国古代以农耕社会为特征的文化潜质。与此有异曲同工之妙的，还有浙江镇海地区的"稻花会"、湖南地区的"开秧门"等，虽时间不同，但其中的含义却一致：祈祷丰收、庆祝丰年。

灶神

KITCHEN GOD'S BIRTHDAY

OLD
CHINESE
FOLK
CUSTOM

诞日

▶ ▶ ▶ 黄帝作灶，死为灶神。

　　过去在民间，到了腊月的二十四日，往往要摆上供品，欢送灶神上天去向玉皇大帝汇报这一家的善恶，供品中饴糖等甜食是不可少的，目的是粘住灶神的嘴巴，不致说坏话；到了除夕夜，又要隆重地接灶神下界，这谓之"上天言好事，回宫降吉祥"。

　　而在灶神的诞日——八月初三这一天，人们更不敢轻慢，一切都要办理得有声有色，以贿赂灶神，让其确保家小的平安。

　　为什么人们对灶神如此敬畏呢？《礼记·祭法》中记载了祭灶神的礼仪，郑玄还作了注："小神居人之间，司察小过，作谴告者尔。"葛洪《抱朴子·微旨》说："月晦之夜，灶神亦上天白人罪状。大者夺纪，纪者，三百日也。小者夺算，算者，三日也。"《敬灶全书·真君劝善文》说得更明白："灶君乃东君司命，受一家香火，保一家康泰，察一家善恶，奏一家功过。每逢庚申日，上奏玉帝，善恶簿呈殿，终月则算。功多者，三年之后，天必降之福寿；过多者，三年之后，天必降之灾殃。"灶神是一个明察秋毫的监督者，他有权向玉帝汇报这一家的种种表现，然后玉帝根据情况给予奖罚，谁敢对其不恭敬呢？！

最初的灶神是位女性，"灶有髻"（《庄子·达生》）。司马彪注："髻，灶神，着赤衣，状如美女。"后来道教把灶神说成是昆仑山的一位老母，称之为"种火老母元君"。汉代后，出现了男灶神，祭祀他的祭品规格与祭祀社稷神的相等。灶神一会儿是黄帝，"黄帝作灶，死为灶神"（《淮南子》）；一会儿是炎帝，"炎帝于火，死而为灶"（《淮南子》）；一会儿是祝融，"火正祝融为灶神"（《五经异义》）。后来，还出现了一个张单。在老百姓的心目中，"灶神"只是一个综合的神的形象，其职责是掌管人间的饮食，监察人们的言行举止。

过去的厨业、茶业都以灶神为祖师爷和保护神。每逢农历八月初三灶神诞辰，人们都要到灶神庙祭拜，这称为"灶君会"。因此，每年八月初一至初三，照例有三天庙会；在腊月二十三也开放一天。有庙会就有庙市，庙市主要经营各种日常生活用品，吃的、用的、玩的，琳琅满目，任人挑选采买。

酒神诞日

OLD
CHINESE
FOLK
CUSTOM

GOD OF WINE'S
BIRTHDAY

▶ ▶ ▶ 尧酒千钟，则酒始作于尧，非禹之世也。

酒神赋

农历八月十八日，是酒神的诞日。

《说文解字》云："古者少康初作箕帚、秫酒。少康，杜康也。"这就是说夏朝的少康（杜康），是最早懂得用高粱酿酒的人。

少康是夏启的后代，父亲被仇敌杀害后，他联合夏朝的大臣，报了父仇，并恢复了夏朝的统治。少康又名杜康，他曾做过有虞氏庖正，并在此成家。今天的河南汝阳县北还有个杜康村，传说是杜康的造酒处。杜康村至今矗立着一座杜康祠，里面供奉着被尊为酒神的杜康的神像。祠联是这样写的："泥醉刘伶，且勿倾杯逞豪兴；名传杜酿，宜将制法再精良。"

在过去，每逢酒神的诞日，各酒坊、酒店往往要予以祭祀，除香、烛、牲、果等供品外，酒是主供之物。

杜康虽是公认的酒神，但在民间传说中，还有一位更早的造酒者——仪狄。"昔者帝女令仪狄作酒而美，进之禹，禹饮而甘之，遂疏仪狄，绝旨酒，曰：'后世必有以酒亡其国者。'"（《战国策·魏策二》）

而宋人窦苹在《酒谱》中认为："尧酒千钟，则酒始作于尧，非禹之世也。"

《神农本草经》《黄帝内经》皆有关于酒的记载，说明造酒并非始于仪狄。在天文史书中，称"轩辕右角南三星曰酒旗"，证明造酒的历史非常早。

那么，酒到底是谁发明出来的呢？实际上在没有文字记载的历史之前，酒就已经产生了。考古证明，远在四千多年前的新石器时代龙山文化早期，就有酿酒和饮酒的器物出现，最早的酒是由植物的块根或果实酿制的，比如甘蔗、麻根、柿等。农业兴起之后，方出现以谷物酿酒。酒自从问世以来，经历了自然发酵的果酒、榨制酒（黄酒）和蒸馏酒（白酒）这三个发展阶段。酒的发明是集体智慧和劳动的结晶，而仪狄、杜康不过是古代传说中的酿酒明星罢了。

但杜康毕竟约定俗成地登上了酒神的宝座，他的名字也成了酒的代称。曹操的《短歌行》写道："慨当以慷，忧思难忘。何以解忧，惟有杜康。"

从古至今，在我国人民的生活中，酒几乎无处不在。祭祀礼仪、婚丧、佳节良辰、亲朋聚会、疗伤治病，自然是离不开酒的。传统中草药的炮制中，酒往往也是一味不可缺少的"药"。

历代的文人墨客，更是与酒深深结缘。"竹林七贤"超群拔俗，嗜酒如命；杜甫所称颂的"酒中八仙"，个个因酒而焕发出创造的光辉。

酒神，焉能不让我们缅怀。

CHONGYANGJIE

重阳节

OLD
Chinese
Folk
Custom

DOUBLE NINTH
FESTIVAL

▶ ▶ ▶ 遥知兄弟登高处，遍插茱萸少一人。

买糕沽酒作重阳

菊花舒时并采茎叶，杂黍米酿之，至来年九月九日始熟，就饮焉，故谓之菊花酒。

农历九月九日为重阳节，古人在这一天身佩茱萸，攀山登高，临风赏菊，快乐无比。而应节食品中，重阳糕、菊花酒是万万不可缺少的，时人谓之"买糕沽酒作重阳"。

重阳糕，又称"花糕""发糕"或"菊糕"，是用发面做成的糕点，辅料有枣子、杏仁、松子、栗子，属于甜品，也有加肉做成咸味的。讲究的做成宝塔状，九层，上面再做两只小羊，以合"重九""重阳（羊）"之俗。有的重阳糕上插有小彩旗，视其为茱萸。

吃重阳糕的习俗，至迟在宋朝已十分流行，在《东京梦华录》《梦粱录》《武林旧事》等书中，都有重九吃重阳糕的文字记载。宋人宋祁的七绝《九日食糕》中有两句云："刘郎不敢题糕字，虚负诗中一世豪。"

明人刘侗在《帝京景物略》卷二中说："九月九日……面饼种枣栗其面，星星然，曰花糕，糕肆标纸彩旗，曰花糕旗。父母家必迎女来食花糕。"清人顾禄《清嘉录》卷九中亦载："居人食米粉五色糕，名重阳糕。"

为什么一定要吃重阳糕呢？因登高的"高"与"糕"同音，吃糕图个吉利，取"步步登高""百事俱高"之意。蔡云道:"蒸出枣糕满店香,依然风雨故重阳。织工一饮登高酒,篝火鸣机夜作忙。"

据《西京杂记》记载,汉武帝宫人贾佩兰九月九日饮菊花酒,云可长寿。古书中还介绍了菊花酒的制作方法:"菊花舒时并采茎叶,杂黍米酿之,至来年九月九日始熟,就饮焉,故谓之菊花酒。"

饮菊花酒除了可延年益寿外,还可治头风等病症。历代诗人对于菊花酒的吟咏,不胜枚举:"酒能祛百虑,菊解制颓龄"(晋·陶潜《九日闲居》);"宁知沅水上,复有菊花杯"(唐·张说《湘州九日城北亭子》);"伊昔黄花酒,如今白头翁"(唐·杜甫《九日登梓州城》);"把菊醒陶酒,扬鞭入汉闸"(宋·晏殊《重阳夕内宿》)。

冬

*WINTER
SOLSTICE*

至

▶ ▶ ▶　一到冬至，便有了"年"的气氛，人们互相贺节，谓之"添岁"。

冬至大如年

十一月冬至，京师最重此节，虽至贫者，一年之间积累假借，至此日更易新衣，备办饮食，享祀先祖，官放关扑（博戏），庆贺往来，一如年节。

到了二十四节气之一的冬至这一天，北半球昼最短，夜最长；南半球昼最长，夜最短。古人早就敏感地觉察到了这种现象，"何堪最长夜，俱作独眠人"（唐·白居易《冬至夜怀湘灵》）；"十一月中长至夜，三千里外远行人"（白居易《冬至宿杨梅馆》）。同时，冬至这天天气寒冷阴森到了极点，是阳气初萌而冬尽春回的日子，"天时人事日相催，冬至阳生春又来"（唐·杜甫《小至》）；"舟中万里行，灯下一阳生"（宋·范成大《冬至夜发峡州舟中作》）。

冬至是个古老的节日。周代建制，以十一月为正；秦袭其制，以冬至为岁首，故南朝宋袁淑说："连星贯初历，令月临首岁。"（《咏冬至》）到了汉代，人们以冬至为"冬节"，称为"日至"，这天官场会举行贺冬之礼，而且放假休息。魏晋六朝时，称冬至为"亚岁"，百姓在这天要向父母尊长拜节。唐宋仍沿旧俗，"十一月冬至，京师最重此节，虽至贫者，一年之间积累假借，至此日更易新衣，备办饮食，享祀先祖，官放关扑（博戏），庆贺往来，一如年节"（宋·孟元老《东京梦华录》）。

古代在冬至日，帝王要举行"祭天"的大礼，地点多在京城的南郊。因为天为阳，所以祭天应在向阳的南边。"大明南至庆天正，朔旦圆丘乐六成。文轨尽同尧历象，斋祠悉备汉公卿。星辰列位祥光满，金石交音晓奏清。更有观台称贺处，黄云捧日瑞升平。"（唐·权德舆《朔旦冬至摄职南郊因书即事》）北京曾为明、清首都，祭天则在南郊的天坛举行。

在清代，旗人为了消灾祈福，冬至日也在自己家中祭天，并顺带祭祖。祭祀仪式于冬至日清晨五更时分举行，然后陈设宴席以示庆贺。

冬至日，各地还时兴品尝一些节令食品。江浙一带吃汤圆，取团圆之意；北方一带则吃馄饨，故俗语有"冬至馄饨夏至面"之说；西北一带多吃饺子（称为"扁食"），陕西人更喜吃红豆粥。而文人墨客，自然是要相聚饮酒作诗的，所谓"一杯新岁酒，两句故人诗"（唐·白居易《小岁日对酒吟钱湖州所寄诗》）。

古谚云："冬至大如年。"

据说，这一天是各种契约的签订和履行之日。古人让渡田地、房产，往往在八月中秋之日言定，并预收部分价款，到了冬至日，双方便正式交割签约。

一到冬至，便有了"年"的气氛，人们互相贺节，谓之"添岁"，表示"年"虽未过，但实际上大家已添了一岁。"我生几冬至，少小如昨日。当时事父兄，上寿拜脱膝。十年阅凋谢，白发催衰疾……"（宋·苏轼《冬至日赠安节》）

冬至过后，大约已是农历十一月的中旬或下旬，一年过去十一个月了，踏入十二月，便进入了所谓的"腊月"。

人生庆典

CELEBRATION
OF LIFE

OLD
CHINESE
FOLK
CUSTOM

▶ ▶ ▶ 长命锁、寄名符，无非体现了一种人们美好的愿望而已。

长命锁与寄名符

在古代，一些子嗣稀贵的人家，担心未来的天灾人祸殃及孩子，使其不能顺利成长，于是就让孩子佩带长命锁和携带寄名符，以使辟邪长命。

在古代，一些子嗣稀贵的人家，担心未来的天灾人祸殃及孩子，使其不能顺利成长，于是就让孩子佩带长命锁和携带寄名符，以使辟邪长命。

长命锁，是一种打造成锁形的装饰物，或铜或玉或石，富贵人家则以金、银制成，上面刻有辟邪祝吉的话语。《红楼梦》第八回描写宝玉"项上挂着长命锁、记名符，另外有那一块落草时衔下来的宝玉"，这块通灵宝玉的作用和长命锁、访名符相似，上面刻的字是"莫失莫忘，仙寿恒昌"。而薛宝钗"从里面大红袄儿上将那珠宝晶莹、黄金灿烂的璎珞摘将出来。宝玉忙托着锁看时，果然一面有四个字，两面八个字……"这八个字是："不离不弃，芳龄永继。"

这种长命锁的由来，《荆楚岁时记》是这样解释的：古代在端午节及夏至，"以彩线系臂，名曰避兵，令人不病瘟……一名长命缕……"。在这个习俗的基础上，衍生出佩带长命锁的形式，意为把孩子"锁"住，谁也别想夺去。

长命锁或由家长及亲戚馈赠，或由僧、道发送。宝钗的金锁上的两句话"是个癞头和尚送的，他说必须錾在金器上"。还有的长命锁，是化百家之缘然后打制的，故又称百家锁。方法是"由有小儿的人家派个人到大街小巷人家铺户去乞讨，每家只要一文钱，然后凑起来打一个锁给孩子戴上"（《中国民俗大观》）。

寄名符又称记名符，其作用也是防止小孩夭折。其寄名方法有两种。

一种是让孩子寄名于道观和庙宇，拜在僧、道的名下做弟子，并起个法名，其意是孩子已经出家了，也就安然无恙了。《金瓶梅》第三十九回，西门庆将儿子官哥寄名于吴道官的名下，起名为吴应元，并穿上了一套道服，吴道官还赠送了一些吉祥物："一道三宝位下的黄线索，一道子孙娘娘面前紫线索，一付银项圈条脱，刻着金玉满堂、长命富贵，一道朱书辟非黄绫符，上书着：太乙司命桃延合康八字……"这道黄绫符，即是寄名符。《红楼梦》第二十五回载"宝玉记名的干娘马道婆进荣国府来请安"，可知宝玉是寄名于马道婆的。

第二种是寄名于多子女的家庭，认"寄父寄母"。因为儿女成群的家庭，孩子容易养活。

《清稗类钞》说："惧儿夭殇，他日自为若敖之鬼，因择子女众多之人，使之认为干爷干娘，且有寄名于鬼神如观音大士、文昌帝君、城隍土地，且及于无常者也，或即寄名于僧尼，而亦皆称之曰干亲家。"

长命锁和寄名符必须定期更换。《红楼梦》第二十九回，因凤姐之女寄名于清虚观张道士，她去观中打醮，遇见张道士便问："我们丫头的寄名符儿你也不换去。"张道士答："符早已有了……还在佛前镇着，待我取来。"第六十二回，宝玉生日，也是这个张道士送的礼中有"换的寄名符儿"，其他僧尼庙送的物品中有"周年换的锁儿"。

长命锁、寄名符，无非体现了一种人们美好的愿望而已。

抓周

《红楼梦》第二回中，描写贾宝玉满一周岁时，贾政想预测一下儿子未来的志向和前程，"便将世上所有的东西摆了无数"，让宝玉去抓取。奇怪的是，宝玉对于那些纸、墨、笔、砚、金元宝、书本等"一概不取，伸手只把些脂粉钗环抓来"。于是，贾政勃然大怒，说："将来不过酒色之徒耳。"

这个习俗谓之"抓周"，亦称作"周晬"或"试晬""试周""试儿"。晬，为婴儿满一岁之谓。

相传，抓周起源于三国东吴的"孙权选嗣"。孙权称帝不久，太子孙登因病去世，其他的儿子们便各自在母家的支持下，结交权臣，争夺嗣位，孙权对此十分烦恼。有西湖布衣景养，进宫献策，说是诸皇子虽有贤德还不够，还要看皇孙表现如何，进而献出了一个计策。于是择一吉日，景养端出一个摆满珠贝、

象牙、犀角、翡翠、简册、绶带等物的小盘子，请皇子各自抱自己的儿子来抓取。其中只有孙和的儿子孙皓一手抓过简册，一手抓过绶带，其余的都是抓那些金银财宝。孙权大喜，遂册立孙和为太子，但其他皇子却不服气，迫使孙权改变了主意，另立孙亮为太子。孙亮继位方三年，便被一场政变所推翻，改由孙休做皇帝。孙休死后，群臣又拥戴孙皓接位，应了当时预测的结果。以后，此法传开，抓周渐成风气。

北齐颜之推在《颜氏家训·风操》中说："江南风俗，儿生一期，为制新衣，盥浴装饰。男则用弓、矢、纸、笔，女则用刀、尺、针、缕，并加饮食之物及珍宝服玩，置之儿前，观其发意所取，加以验贪廉愚智，名之为'试儿'。"隋唐时，此俗传之更广。《宋史·曹彬传》载："彬始生周岁，父母以百玩之具列于席，观其所取。彬左手持干戈，右手取俎豆，斯须取一印，他无所试，人皆异之。"一些大户人家，将抓周视为"小儿之盛礼也"（宋·孟元老《东京梦华录》）。到明代，连乌纱帽、紫金冠之类也摆在了小儿的面前。《红楼梦》中所写宝玉的抓周，应是清代社会生活的一个常见的场景。

洗三·弥月·走百日

「洗三」「弥月」走百日」，表达了人们对于新生儿的喜爱和关怀。

《金瓶梅》第三十回写道："到次日，洗三毕，众亲邻朋友，一概都知西门庆第六个娘子，新添了娃儿。"

所谓"洗三"，是古代的一种育儿习俗，即婴儿出生后第三日进行洗身，而且要会集亲朋好友，并酬谢接生婆。这种习俗，至少在唐代已很流行，唐人韩偓《金銮密记》中写道："天复二年，大驾在歧，皇女生三日，赐洗儿果子。"而在《宛署杂记·民风一》中亦云："将临蓐，妇家先前以果羹馈其女，曰'催生'。生三日后，曰'洗三'。"

《中华全国风俗志》则说得更为详细："北京城内，凡小儿生后三日，名为洗三。是日必招收生婆到家，酒食优待，然后由本家将神纸（俗呼娘娘码儿）并床公、床母之像，供于桌上。供品用毛边缸炉（北京点心名）五盘，由收生婆烧香焚神纸，毕，将火煮之槐条水倾入盆内，旁置凉水一碗及两盘，一盘盛胰子、碱、胭脂、粉、茶叶、白糖、青布尖儿、白布数尺、秤权、剪子、锁、镜等物，一盘盛鸡蛋、花生、栗子、枣、圆（桂）圆、荔等物，均用红色染过。诸亲友齐集床前，将各样果子，投数枚于盆内，再加冷水两匙，铜钱数十枚，名为'添盆'。添罢，由收生婆洗小儿。洗罢，将小儿脐带盘于肚上，敷以烧过之明矾末，用棉花捆好。所有食物，全由收生婆携去，洗三告终。"

《金瓶梅》第三十六回，提到了另一个育儿习俗："弥月"。即婴儿生后满一个月时，其父母宴请宾客，又称之为办"满月酒"。

《梦粱录》载："至满月，则外家以彩画钱或金银钱杂果，及以彩缎珠翠囟角儿食物等，送往其家，大展'洗儿会'。"《中华全国风俗志》说："（小儿诞生）一月后，名为'满月'，邀请亲友宴食。"这一天，还要请剃头师傅，为婴儿理发，称"剃胎发"。

到婴儿满百日时，民间还有一个仪式，叫"走百日"，即由父母抱着婴儿出门去街巷巡走一圈，让孩子见见天光，呼吸新鲜空气。

"洗三""弥月""走百日"，表达了人们对于新生儿的喜爱和关怀，同时，也蕴含着一些良好的卫生习惯，如洗浴、理发和户外活动，对于婴儿的成长都是大有益处的。

贴新房红双喜字

包括红双喜字在内的连体字，即部分「吉利字」、「吉语字」和「吉祥合体字」，其源头可追溯到先秦时君主用来传达命令或征调军队的符文。

　　结婚是人生一件喜庆大事，无论大江南北，新房里都会贴上鲜红的红双喜字，又称连体吉祥喜字。

　　在民间传说中，这个贴红双喜字的习俗，与宋代文学家王安石有关。王安石二十三岁时，正值大比之年，他进京赴考，住宿于汴梁（河南开封）城东的舅父家中。在东门附近，忽逢一员外家的门楼上悬挂一只大灯笼，上书一个上联："玉帝行兵，风枪雨箭，闪旗雷鼓，天作证"，并说明能对出下联者，选之为婿。因当时王安石要急着进考场，未来得及思考。进入考场后，他很快就完成了考卷。主考官又出一上联来面试王安石，上联为："龙王设宴，月烛星灯，山食海酒，地为媒"。王安石便念出那个灯笼上所见的上联来，正好作下联对上。出考场后，他又用主考官出的上联，变成下联，去对那员外家择婿的上联，颇受其赏识，员外便将女儿许配给他。当王安石准备迎娶新娘时，又报来喜讯，他金榜题名中了状元。这真是喜上加喜，于是他写了两个并排相连的"喜"字，贴在门上。从此，便有了结婚贴红双喜字的习俗（《中国民俗大观》）。

　　这只能算是一种比较"合理"的民间传说。一些学者从学术的角度来考察，

则认为包括红双喜字在内的连体字，即部分"吉利字"、"吉语字"和"吉
祥合体字"，其源头可追溯到先秦时君主用来传达命令或征调军队的符文。
通常是把几个篆字合并在一起，刻在竹、木上，再剖为两半，双方各执一半，
合之以验真假。到了道教流行的汉代，这种手法又被道士借用到所书的符箓
上。如传世东汉道教经典《太平经》中收录的一些早期的符"兴善除害""令
尊者无忧"等，其实就是几个表示吉祥含义的隶字的合体，学者把这种符称
为"复文"。这种风气一直影响到后世。大概是从宋代起，合体字渐渐脱开
"符"的范畴，演化为老百姓表达避凶求吉愿望的一种手段。我们在清代的
厌胜钱上，可以见到连笔减画的"黄金万两""招财进宝"之类的四字合体。

　　红双喜字到底起源于何时，尚无确证。但它表述的"喜上加喜"的美好
愿望，却一直传承到今天。

分喜蛋

婚前分发红喜蛋，确实增添了吉庆的气氛，一时便流传开来，成为一种可爱的习俗。

在我国传统的婚姻习俗中，分喜蛋使人感到格外温馨和亲切。结婚的男女，在举行婚礼之前，向亲戚朋友分发用颜料染红的熟鸡蛋，表达一种"同喜"的欢乐。或有分发不到的人，可以上门讨要，新婚人家自是笑脸相迎，来者不拒。就是在现在的湖南农村，这种习俗仍然存在。

据《管子》等古籍记载，远在先秦时代，人们用颜料染画鸡蛋，然后放在水里煮熟，互相馈赠，其含义是"发积臧，散发物"，称之为"画卵"和"镂鸡子"，不过所染颜色乃"蓝茜杂色"。此俗经两汉、两晋、南北朝，代代相传。但以红颜色染鸡蛋，并称之为红喜蛋，有人认为是起始于三国时的"刘备招亲"。

刘备借荆州后立稳脚跟，却迟迟不肯归还。东吴大都督想出了一个美人计，企图假意招亲，骗刘备到吴国予以软禁，以便索还荆州。但诸葛亮早已识破他的计谋，运筹帷幄，设下一个个应对的妙策，其中之一便是分发红喜蛋。刘备去东吴时，带上大量红喜蛋，到达目的地后，不论宫廷内外，无论文官、武将以及普通庶民，逢人便分发红喜蛋，还大造"东吴招亲"的舆论，使之家喻户晓。同时，对于到客舍来讨要红喜蛋的人，亦热情招待。最后的结果，当然是刘备娶了孙权的妹妹孙尚香，使得孙权和周瑜"赔了夫人又折兵"。

婚前分发红喜蛋，确实增添了吉庆的气氛，一时便流传开来，成为一种可爱的习俗。

记得有一年到乡下采访，步行经过一个小山村时，忽然在路口被一对青年男女拦住了。他们从身边的筐子里抓出几个猩红的熟鸡蛋，笑吟吟地塞给我，说："大家同喜！大家同喜！"我忙接过来，对他们说了几句祝贺的话。民间还传说，吃了这种红喜蛋，可以医治腰酸腿疼。我捧着这红红的鸡蛋，还是热的哩，真为这一对新人的秦晋之好而高兴。

交杯酒

倾合卺，醉淋漓。
同心结了倍相宜。
从今把做嫦娥看，
好伴仙郎结桂枝。

直到今天，新婚夫妇在结婚时喝交杯酒，仍是一个不可缺少的仪式。

交杯酒源于我国古代婚礼中的"合卺"。"古者婚礼合卺，今也以双杯彩丝连足，夫妇传饮，谓之交杯"（宋·王彦辅《麈史》）。关于"合卺"的最早记载，见于《礼记》中的"共牢而食，合卺而酳"。"共牢"，即举行婚礼后，新婚夫妇共吃祭祀后的同一肉食，以象征自此以后夫妻尊卑相同；合卺，即新婚夫妇合用一只瓜瓢喝酒漱口，以表示夫妇自此以后相亲相爱。

在合卺的早期规定中，所用的酒器是"四爵两卺"，即四只爵和用一个匏瓜剖成的两只卺，六只酒器供新婚夫妇各用酒漱口三次，第三次使用的是卺。到了宋代，对合卺所用的"四爵两卺"，便"以常用酒器代之"（宋·郑居中《政和五礼新仪》），合卺也就名正言顺地变成了交杯。"用盏以彩结之，互饮一杯，谓之交杯酒"（宋·孟元老《东京梦华录》）；"执双杯，以红绿同心结绾盏底，行交卺礼毕，以盏一仰一覆，安于床下，取大吉利意。"（宋·吴自牧《梦粱录》）。

宋代通行的婚礼程序大致是这样的：首先是经过媒人，让男女双方互通草帖，再通细帖，接着是下定礼、下聘，然后商定吉日，进行亲迎（又名迎亲）。女方被迎到男家后，新人拜堂，再回房夫妻交拜。交拜后坐床时，还有"撒床"和"合髻"的习俗，而后才是新婚夫妇互相传饮交杯酒。

关于交杯酒，宋人的诗词中多有描写："歌喉佳宴设，鸳帐炉香对爇。合卺杯深，少年相睹欢情切。罗带盘金缕，好把同心结，终取山河，誓为夫妇欢悦"（宋·无名氏《少年游》）；"倾合卺，醉淋漓。同心结了倍相宜。从今把做嫦娥看，好伴仙郎结桂枝"（宋·无名氏《鹧鸪天》）。

现代社会中的新婚夫妇饮交杯酒，当然与古代的又有许多不同。第一，两只酒杯的底部，并不需用彩丝绾结；第二，可以在婚宴上喝，也可以在洞房中喝，要的只是这个形式；第三，新婚夫妇各持一杯酒，两只持杯的手穿错而过，各把杯子送到对方的嘴边，然后一同饮下。

一些旅游胜地，为招徕游客，纷纷开办仿古婚礼这一项目，使现代的青年男女可以倒溯时间，感受古代的生活氛围，坐花轿，拜堂，饮交杯酒，确实兴味盎然。

闹洞房

新中国成立后，移风易俗，闹洞房也变得文明起来。

直到今天，闹洞房的习俗仍非常流行。一对新人结婚了，当天晚上，男女老少全涌入洞房，要新郎新娘表演几个节目，洞房里欢声笑语，洋溢着一种由衷的幸福感。

闹洞房的习俗，大约起源于战国晚期的河北一带，然后逐渐扩展至各地。据记载，燕国太子丹，曾被作为人质扣押在秦国，后伺机逃回。他为此而广纳宾客，搜罗勇士，企图刺杀秦王来保障燕国的安全。有的宾客调戏他的姬妾，他也无所谓，甚至主动献出美人以笼络人心。这种看重宾客轻视女眷的行为，竟然传布开去，成为一种风气。以致在举行婚礼时，新人听任宾客的非礼，男女老少无别，并认为是一种荣幸，谓之"新婚三日无大小"。

在山东出土的石墓中，就有一块"闹洞房图"的画像砖，画上一男一女在第三者的强制下作亲吻状。这说明，闹洞房在汉代已很普遍。东汉应劭在《风俗通义》里，记载了当时闹洞房失去节制，导致出了人命。"今婚娶之会，捶杖以督之戏谑，酒醴以趣之情欲，宣淫佚于广众之中，显阴私于亲族之内，污风诡俗，

生淫长奸，莫此之甚"（汉·仲长统《昌言》），可见当时闹洞房确实有些过分。

北朝时的鲜卑族是个马背上的民族，他们居然也有闹洞房的习俗。文宣帝高洋与殷昭仪的新婚之夜，殷昭仪的嫂嫂元氏也去闹洞房，弄得这个皇帝心中颇为不快。

到唐代时，此风仍很炽烈。"律有甲娶，乙、丙共戏甲，旁有柜，比之为狱，举置柜中，覆之，甲因气绝。"（唐·段成式《酉阳杂俎·礼异》）像这种闹洞房，不但有违礼教，简直是野蛮残酷了。大约是基于这一点，唐朝不得不颁布"约古礼今仪"的"婚仪"，将"不知限齐"的闹洞房约束为比较文雅的"观花烛"。可惜，到了宋朝，又蹈故辙，变本加厉了。明代大学者在《丹铅杂录》中载"戏妇"专条，说："今世俗……娶妇之家，新婿避匿，群男子竞作戏调，以弄新妇，谓之'谑亲'。或褰裳而针其肤，或脱履而规其足。以庙见之妇，同于倚门之娼，诚所谓敝俗也。然以《抱朴子》考之，则晋世已然矣，历千余年而不能变，可怪哉！"

新中国成立后，移风易俗，闹洞房也变得文明起来。著名作家周立波在《山那面人家》的小说中，描写了20世纪50年代湖南益阳农村的闹新房情景："仪式开始了，主婚人就位，带领大家，向国旗和毛主席像行了一个礼，又念了县长的贺书，略讲几句话，退到一边，和社长坐在一条高凳上。"接着是来宾讲话，最后是新娘讲话。在新人进入洞房后，年轻姑娘的最大兴趣是"听壁脚"。

岁月行进到今天，人们闹洞房，不过是到新人的房里看一看，说几句祝福的话，让他们表演点节目，然后就告辞。"春宵一刻值千金"，别人结婚，正巴不得你早些离开呢。

祝　寿

在祝寿的这天，亲朋好友都带着寿礼去拜贺，寿礼有寿幛、寿联、寿烛、寿桃、寿面，当然也有送钱的。

中国人喜欢在自己的诞生日这天，举行祝寿活动，俗称"过生日"。

过生日这种习俗，大约起源于南北朝时期。北齐文学家颜之推在《颜氏家训》中记载，当时在江南就盛行为小孩庆贺周岁。成人过生日则见于唐代的一些典籍，当时做生日以煎饼为贺。到了两宋时期，做寿的习俗才风行，一些官吏则借做生日搜括民财，"内外见任官因生日受所属祝贺之礼，及与之者各徒三年，赃重者依本法"（《建炎以来系年要录》）。有一个古代笑话，说某官属鼠，有下属送寿礼为一只金鼠，某官大喜，说："再过几天，我母亲做寿，她老人家属牛，请馈金牛一头！"从中可见贪官污吏的寡廉鲜耻。

民间祝寿，一般以十为整数庆贺，谓之"做整生"，场面比较隆重，贺客众多。非整十而做的寿诞，称之为"做散生"。

在祝寿的这天，亲朋好友都带着寿礼去拜贺，寿礼有寿幛、寿联、寿烛、寿桃、寿面，当然也有送钱的。

寿面，取其长，故又名长寿面。相传西王母园中的蟠桃是三千年一开花，三千年一结果，吃了长生不老，故祝寿少不了寿桃，若不是桃熟季节，则以桃的工艺品代之。寿烛，是用于寿堂燃用的。而寿幛、寿联，上面是贺者撰写的文字，既褒扬其事业、功绩，又祝贺其身体康健，益寿延年。

毛泽东六十寿辰时，著名画家徐悲鸿送的寿联是："言论文章，放之四海皆准；功勋事业，长与日月同光。"

毛泽东的老师徐特立七十大寿时，吴玉章送的寿联是："七十更强歌战士，万方救难赖人师。"

郭沫若五十寿诞时，叶挺将军赠联曰："寿比萧伯纳；功追高尔基。"

除此之外，寿者还常自作寿联以贺，称之为自寿联。著名画家刘海粟八十九岁寿辰时，集杜甫、苏轼诗句为联自贺："彩笔昔曾干气象，流年自可数期颐。""期颐"者，百岁也。

民间还有"讨寿"的习俗，即以小儿见高寿老人。《金瓶梅》第四十三回，吴大妗子对月娘说："抱孩子出来，与老太太看看，讨讨寿。"

除"讨寿"之外，还有"借寿"之俗。古人认为人的寿命由天定，但也可以像物品一样借用。一般是因人病入膏肓，又希望延寿，于是戚友中的一些人，自愿借寿一岁，自愿借寿的人择一吉日，斋戒沐浴，到宗庙虔心拜祝，告诉阎王自愿借寿给病人。此俗曾在江苏淮安地区很流行。这当然是一种迷信。

总之，做寿和祝寿，毕竟是一件非常美好的事。